Dieter Hattrup

Die heilsame Sturheit der Kirche

Dieter Hattrup

Die heilsame Sturheit der Kirche

Eine Streitschrift

FREIBURG · BASEL · WIEN

MIX
Papier aus verantwor-
tungsvollen Quellen
FSC® C106847

© Verlag Herder GmbH, Freiburg im Breisgau 2012
Alle Rechte vorbehalten
www.herder.de
Einbandgestaltung: Finken & Bumiller, Stuttgart
Satz: SatzWeise, Föhren
Herstellung: fgb · freiburger graphische betriebe
www.fgb.de
Printed in Germany
ISBN 978-3-451-34128-1

Inhalt

Vorwort 7

1. Fortschritt und Rückschritt 9
2. Ökonomie und Ökologie 35
3. Die Ratschläge der Schrift 55
4. Neue Erfahrung der Kirche 76
5. Die Ökumene in Ost und West 95
6. Die neu-alte Lehre 113

Anmerkungen 131

Vorwort

»Ja, dies Leichte, das du nicht hast, das ist das Leben, und das Schwere, das du hast, das ist eben das Gegenteil davon.«
Gerade diese Frau mit der Lebensleichtigkeit, die Gräfin Melusine aus Theodor Fontanes Roman *Der Stechlin*, die geschiedene Frau, die Protestantin, die hochadlige Dame, macht sich stark für die Ehelosigkeit der Geistlichen, wie auf der nächsten Seite dieses Büchleins zu lesen ist. Ein Versehen? Die Laune einer verwöhnten Dame der höheren Gesellschaft? Eine witzige Provokation in einer sonst steifen Konversation? Eher nicht, wenn wir auf die Gründe hören, welche die Frau gleich anführen wird.

Die Gräfin hätte eine vollendete Jüngerin des Herrn abgeben können, wenn sie zur rechten Zeit gelebt hätte. Dann wäre sie wahrscheinlich wie Maria von Magdala vor ihm zu Boden gegangen, hätte Tränen vergossen, ihm die Füße gesalbt und sie geküsst. Und dabei gemurmelt: »Wer sein Leben gewinnen will, wird es verlieren.« Jesus aber hätte ihr die Hand gereicht, sie angelächelt und erwidert: »Und wer sein Leben verliert, wird es gewinnen.«

Um dieses Jesus-Wort aus dem Evangelium geht es hier in dieser Schrift. Das natürliche Leben ist aus der Evolution und aus dem Kampf ums Überleben geboren, aber das Ich, das dort kämpft, hat keine Chance. Dieser Kampf für das Ich ist mit Geld, Sexualität und Macht nicht zu gewinnen. Einen Sinn bekommt das Leben erst durch die Umkehrung dieser drei Interessen, durch ein neues Leben, in dem ich nicht mehr für mich allein kämpfe, sondern für den Schöpfer des Lebens und für seine Geschöpfe. So bekommen die alten Regeln der Evangelischen Räte durch die evolutionäre Theorie Darwins einen neuen, einen revolutionären Glanz.

Ich danke Frau Margareta Klahold, Frau Dipl.-Theol. Nathalie Koch und Herrn Vikar Christian Laubhold für Ermunterung und Mitarbeit an diesem Büchlein. Ein ganz besonderer Dank geht an Herrn Dr. Peter Suchla vom Verlag Herder, der das Buch lektoriert und den fulminanten Titel gefunden hat.

Am Fest Kreuzerhöhung 2011 *Dieter Hattrup*

1. Fortschritt und Rückschritt

These I: Was in der Welt als Fortschritt gilt, ist in der Kirche oft Rückschritt, und umgekehrt.

> »Wird die Kirche sich endlich entschließen, …
> ihre messianische Berufung wieder aufzunehmen?«[1]

1.1 Die Überlegungen dieses Buches wurden durch ein Aha-Erlebnis ausgelöst, das mich bei der Lektüre eines Romans von Theodor Fontane überfallen hat. *Der Stechlin* ist sein letztes Werk, ein wahres Alterswerk, ausgezeichnet durch die Fülle, die Milde und die Klarheit seiner Urteile. Fontane bewegt sich in einer preußischen und protestantischen Welt, die er doch weit übersteigt. Im *Stechlin* spiegelt sich die Weltgeschichte. Da gibt es ziemlich zum Schluss der großen Erzählung, nach der Beerdigung des alten Dubslav von Stechlin, eine Aussprache zwischen der Schwester des Verstorbenen, einer Domina Adelheid von Stechlin, und der Gräfin Melusine Ghiberti.

> ›Welch ein Mann, Ihr Pastor Lorenzen‹, sagte Melusine.
> ›Und zum Glück auch noch unverheiratet.‹
>> ›Ich möchte das nicht so betonen und noch weniger es beloben. Es widerspricht dem Beispiele, das unser Gottesmann gegeben, und widerspricht auch wohl der Natur.‹
>> ›Ja, der Durchschnittsnatur. Es gibt aber, Gott sei Dank, Ausnahmen. Und das sind die eigentlich Berufenen. Eine Frau nehmen ist alltäglich.‹

Fortschritt und Rückschritt

›Und keine Frau nehmen ist ein Wagnis. Und die Nachrede der Leute hat man noch obenein.‹

›Diese Nachrede hat man immer. Es ist das erste, wogegen man gleichgültig werden muss. Nicht in Stolz, aber in Liebe.‹

›Das will ich gelten lassen. Aber die Liebe des natürlichen Menschen bezeigt sich am besten in der Familie.‹

›Ja, die des natürlichen Menschen …‹

›Was ja so klingt, Frau Gräfin, als ob Sie dem Unnatürlichen das Wort reden wollten.‹

›In gewissem Sinne ›ja‹, Frau Domina. Was entscheidet, ist, ob man dabei nach oben oder nach unten rechnet.‹

›Das Leben rechnet nach unten.‹

›Oder nach oben; je nachdem.‹

Das war das Ende des gereizten Gesprächs am Tage der Grablegung. Fontane selbst war wohl nicht besonders kirchlich gesonnen, vielleicht nicht einmal richtig gläubig, und dennoch schreibt er einen ganz und gar theologischen, ja kirchlichen Roman. Er erzählt die Wahrheit des Glaubens, ohne dafür Zinsen zu nehmen. Wie bekommen die Außenstehenden einen Blick in das Innere? Ich könnte auch fragen: Warum bekommen die Innenstehenden nur das Äußere zu sehen? »Ich liebe Klöster, wenn auch nicht für mich persönlich«, lässt er von einer seiner Figuren im *Stechlin* verkünden, von der liebenswürdigen Comtesse Armgard. Nur den sympathischen Personen legt er seine Weisheiten in den Mund. Die unappetitlichen Gestalten dürfen Stroh dreschen und ihre eitlen Urteile pflegen.

Die Erklärung der Liebe des Adels zu den Klöstern, die zugleich keine persönliche Liebe ist, fällt so schwer nicht. Ein freiwilliges Opfer zu bewundern oder ein unfreiwilliges zu beklagen, ist leichter, als ein Opfer zu bringen. Zuschauen im Leben ist schmerzloser als Mitspielen. Kloster steht für Mit-

Fortschritt und Rückschritt

spielen, für Opfer, für eine Hingabe des Ich zugunsten eines höheren Lebens, das jedenfalls kein irdisches Leben ist oder, anders gesagt, das in der darwinischen Welt der Konkurrenz von keinem Vorteil ist.

Solches Opfer kann man an anderen Leuten bewundern, loben und lieben, sogar auf alle Weise fördern, ohne doch für die eigene Person an dieser Hingabe teilzunehmen. Sei es ein fehlendes Wollen oder sei es ein mangelndes Können, da ist ein Hindernis, das die Teilnahme verbietet. »Warum man überhaupt so was kann, wie sich opfern, das ist das Große.« Solche Hauptweisheit darf natürlich nur aus dem Munde des Helden selber kommen, des Schlossherrn von Stechlin. Wie es sich für die Hellsicht gehört, ein paar Tage vor seinem Tode.

Ja, der Adel und das Opfer des Lebens! Ganz zu Anfang der langen Ahnenreihe, vor sieben oder acht Jahrhunderten, es können auch zwölf Jahrhunderte sein, lebte einmal ein Held, der sein Leben tatsächlich aufs Spiel gesetzt und beinahe geopfert hätte, der aber mit Glück und Verstand den Sieg davon getragen hat. Bei seinen Nachkommen ist das aktive Opfern nicht mehr üblich, sie halten nur noch den Besitz und alle Rechte zusammen, was auch ein Opfer, nämlich eine Pflicht ist, aber das Leben weniger gefährdet. Meistens ist das Opfer auch nicht mehr nötig, um an der Spitze zu bleiben. Ein wenig Umsicht und Selbstbeherrschung werden schon ausreichen.

Dennoch hat der Adel die Hingabe des Lebens nicht verachtet, ganz im Gegenteil, er hat das Opfer gepflegt und an andere Leute weiter gereicht. Adlige Geschlechter gründeten in früheren Zeiten gerne Hausklöster und haben diese dann über Jahrhunderte in Ehren gehalten. Weil sie das Opfer hoch geschätzt haben. Es brachte ihnen mancherlei Vorteile. Von weltlicher Art war die geleistete Arbeit in Haus, Feld und Wald; doch auch von spiritueller Seite zogen sie Nutzen aus ihrem Kloster. Denn der Fürst oder der Baron, der auf die

Sicherung seiner Macht bedacht sein musste, konnte die Mönche und Nonnen stellvertretend für seine Sünden beten lassen. Das Opfer des anderen, ob ganz freiwillig oder ein wenig erzwungen, ist immer mein eigener Vorteil, dem ich gerne zuschaue, ob es mir nun bewusst ist oder nicht. Und liebenswürdig verpackt, mit Selbstironie gespickt, gesteht diesen Widerspruch das blutjunge, aber uradlige Fräulein Armgard selbstverständlich ein: ›Wenn auch nicht für mich persönlich.‹

Die Armut der früheren Gesellschaften ließ mehr Teilnahme am Leben nicht zu. Doch die feudalen Zeiten sind vorbei, und das ist gut so. Nicht nur der Adelige soll teilnehmen, jeder einzelne Mensch ist berufen, frei zu sein und teilzunehmen, sein Leben zwischen Gewinn und Verlust zu leben. Denn auch den Verlust des Lebens in Freiheit zu tragen, gehört zum vollen Leben. Und was ist das Leben in Freiheit? Es trägt den Namen Selbstsein, es meint, nicht von außen angestoßen sein. Es will selbst erste Ursache in einer Kausalkette sein, und noch einiges mehr. Für ein endliches Lebewesen heißt dies: Für sich und für andere die Verantwortung zu übernehmen! Kein Stein und kein Tier kann aus Pflicht handeln, denn sie haben keine Wahl. Nur der Mensch hat die Wahl, deshalb ist er frei in dem Maße, wie er Verantwortung übernimmt. Er ist zum Gebrauch der Freiheit gerufen und vor dem Missbrauch gewarnt.

Die Thesen dieses Buches wurzeln stark in den Gedanken meines Lehrers Carl Friedrich von Weizsäcker, die ich nur ein wenig weiter geführt, ein wenig aktualisiert und von der Ökologie in die Theologie gebracht habe. Doch eigentlich ist auch von Weizsäcker schon ein Theologe, wenn er als Physiker und Philosoph spricht. Ein doppelter Ehrendoktor der Theologie war er jedenfalls. Bei meinen Thesen steht insbesondere Pate der Aufsatz aus dem Jahre 1978: »Gehen wir einer asketischen Weltkultur entgegen?«[2] Er enthält eine Beobachtung und einen Vorschlag. Die Sache war dem Freiherrn sehr wichtig, doch zugleich auch schwierig oder sogar peinlich, denn das Opfer passt nicht in das Programm des modernen Menschen.

Deshalb hat Weizsäcker seine Gedanken über diesen Punkt niemals öffentlich vorgetragen, sondern – so muss man wohl sagen – in seinen Büchern versteckt. Ich nehme an, er scheute das große Publikum, er wollte sich seine Sympathien in der Öffentlichkeit und seine große Zuhörerschar nicht verscherzen. Das war gewiss Populismus; doch auch der Populist kann Verantwortung zeigen, wenn er sich auf diese Weise seine Zuhörer erhält, damit sie ganz langsam zur Wahrheit geführt, ja, weil der Weg so schmerzlich ist, ganz langsam in die Wahrheit hinein getäuscht werden. Der Außenseiter kann die reinere Wahrheit pflegen, doch da er keine Anhänger hat, nimmt seine Wahrheit zu seinen Lebzeiten keine lebendige Gestalt an. Kein Weg wird hier ohne Gefahr begangen.

Schauen wir uns an, was von Weizsäcker den wenigen Zuhörern zu sagen hatte, welche unangenehme Dinge hören können, Wahrheiten, die keinen Vorteil bieten im darwinischen Kampf ums Überleben. Eine Beobachtung und einen Vorschlag hat von Weizsäcker hier anzubieten. In der Beobachtung sah er auf die asketischen Kulturen vergangener Zeiten und Räume, und sein Vorschlag war die Notwendigkeit einer asketischen Kultur für unsere Zeit, hier und jetzt. Askese ist sein Wort für Opfer. Und wirklich können wir seine Scheu bei dem Thema verstehen: Wer kann mit der Aufforderung zu Askese und Opfer schon punkten? Wer Wahlen oder Anhänger gewinnen? Wer vor einem vollen Hörsaal sprechen? Wer das will, sollte von dem Thema lassen.

Die unangenehme These lautet: Es gib keine Kultur der Weltgeschichte, die nicht das Opfer, den Verzicht, die Selbstbeherrschung, die geistliche Disziplin in ihre Mitte gestellt hätte; nicht weil das Opfer angenehm wäre, sondern weil das Opfer so unangenehm ist. Eine Kultur, die es nicht schafft, mit den Zumutungen fertig zu werden, welche das Leben für das

Leben bereit hält, eine solche Gesellschaft ist zum Tode bestimmt. Weizsäcker ist von einer dunklen Ahnung getrieben: »Unserer konsumtiven Gesellschaft blieb es vorbehalten, diese Erfahrung zu vergessen.« Die Thesen meines Buches wurden geschrieben, um folgendem Satz ein Ende zu bereiten: Die geistliche Disziplin, wie die Verpflichtung der Kirche auf die Evangelischen Räte, ist doch nur ein menschliches, nicht ein göttliches Recht. Mit einem Federstrich des Papstes könnte das geändert werden.

Welchen Blickwinkel nehmen wir hier ein, wenn wir über die Kirche, über spirituelles Leben und über das Opfer sprechen, wenn wir von Fortschritt und Rückschritt handeln, vor allem aber, wenn wir aus der Ökologie der Erde die Zumutungen des Lebens ableiten? Sollen wir uns mehr als Zuschauer aufstellen oder mehr als Mitspieler? Ich würde sagen, wir nehmen beide Seiten ein, weil uns das Leben, weil uns der Urheber des Lebens auf beide Seiten gestellt hat. Wir sind nicht nur Publikum, wir sind immer auch Teilnehmer des Lebens, selbst wenn wir uns als Wandsteher dem Leben verweigern. Zuschauen ist angenehmer, ich weiß es und gebe es gerne zu, ohne es zu billigen. Unsere konsumtive Kultur ist eine fernsehende Kultur.

Allerdings hat das Schicksal unerbittlich über uns verfügt, als es uns ungefragt ins Leben geschickt hat. Vielleicht besteht der Sinn des Lebens gerade darin, die nicht gestellte Frage zu beantworten: »Möchtest du in das endliche Leben treten?« Wer nachträglich mit Ja antwortet, findet den Sinn des Lebens. Wer Nein sagt, findet den Sinn ebenfalls, nur eben umgekehrt. Der Mensch hat die Wahl: Zustimmung zum endlichen Leben durch Teilnahme am Leben, oder Empörung durch Fernstehen, was auch eine Teilnahme ist, die zugleich die Teilnahme ablehnt. Auf jeden Fall gibt es viel zu tun, ob ich nun Ja sage oder Nein.

Und was ist jetzt ganz genau der Fortschritt? Was meinen wir damit? Man könnte auf zweierlei Weise antworten. Die eine Antwort lautet: mehr Leben, mehr Genuss am Dasein, eine längere Existenz und vor allem Freiheit von Schmerz, Krankheit und Tod. Ist das der Fortschritt? Wir gehen seit Jahrhunderten in diese Richtung, doch ganz sind diese Ziele noch nicht erreicht. In diese Richtung hat auch der Fürst, der Adlige, der Klosterbesitzer gedacht. Oder in späteren Zeiten der Fabrikbesitzer, der Hungerlöhne an seine Arbeiter gezahlt hat.

Nun ja, wenn ich auf der richtigen Seite stehe, ist der Genuss des Lebens ein Fortschritt, der angenehm ist. Aber wenn ich auf der falschen Seite stehe? Wir können unsere Herkunft aus dem Kampf ums Dasein nicht abschütteln. Ich könnte auch auf der anderen Seite geboren sein. Dann will mir der Fortschritt plötzlich als Rückschritt erscheinen, weil er mir in der Fabrik das Leben raubt oder wenigstens arglistig beschneidet oder, noch schlimmer, wenn ich zu den 100 Millionen Toten gehöre, die im 20. Jahrhundert durch fortschrittliche Waffen getötet wurden.

Wir müssen also vorsichtig sein. Die andere Antwort lautet: mehr Bereitschaft zum Leben, wie es wirklich ist! Das ist dann nicht einfach das Verlangen nach mehr Leben in der Natur, sondern die Erkenntnis des endlichen Lebens, das den Tod vor Augen hat. Wahrer Fortschritt sollte die Darwinprobe bestanden haben: Wer sein Leben bewahren will, muss unendlich viel kämpfen, und er wird am Ende doch sein Leben verlieren. »Nach meiner Überzeugung enthält der Realismus Darwins auch die Aufforderung zu einer tieferdringenden Philosophie und Theologie.«[3] Welcher Verkünder von Fortschritt hat sich dieser Probe bisher ausgesetzt? Deshalb schlägt Fortschritt so leicht in Rückschritt um, wir haben es oft genug erlebt. Einen ersten Umschlag haben wir gerade gesehen, ich meine, den Adel der Vergangenheit, das Fräulein Armgard, das uns mit der Verwaltung des Opfers die Doppeldeutigkeit des Lebens vorgeführt hat.

Oder sollten wir vielleicht die Beherrschung der Natur als Fortschritt ausgeben? Können wir so der Dialektik von Fortschritt und Rückschritt entgehen? Ihr werdet die Meister und Besitzer der Natur sein, wenn ihr meine Philosophie annehmt, hatte Descartes 1637 ausgerufen. Man muss es auf Französisch hören: Elle »nous rendre comme maîtres et possesseurs de la nature«[4].

Hat der Fortschritt durch Wissenschaft und Technik sein Ziel erreicht? Sind wir nach vier Jahrhunderten zu Herrschern über die Natur aufgestiegen? Ein wenig beherrschen wir sie, ja, das stimmt, sogar sehr viel mehr als damals, wenn man so will. Aber vollständig nicht, die Endlichkeit haben wir nicht einen Millimeter abgeschüttelt. Und das ist das Problem, die Endlichkeit. Da die Naturwissenschaft im 20. Jahrhundert wieder Raum und Zeit als endlich erkannt hat, deshalb braucht auch der Erdenbewohner seine Endlichkeit nicht mehr zu leugnen. Und nebenbei, der cartesische Fortschritt hat einige Risiken in seinem Gefolge. Die Schützer von Natur klären gerne über die Gefahren für die Umwelt auf, die mehr als nur Restrisiken sind, sondern das Leben insgesamt auf der Erde bedrohen.

Oder, wenn wir auf die politischen Revolutionen schauen, die französische oder die russische oder einige andere: Haben sie das Ziel, mehr Leben für alle zu gewinnen, erreicht? Zuerst bedeuteten sie nicht Leben, sondern Tod für sehr viele Leute. »Die Revolution frisst ihre Kinder« wurde zum geläufigen Sprichwort. Doch viele Demokratien sind an die Stelle der Adelsherrschaft getreten, was im Prinzip zu begrüßen ist. Denn jeder soll mitentscheiden, was über sein Leben entscheidet, selbst wenn die Entscheidung anstrengend ist. Doch auch demokratische Gesellschaften können entarten, wenn sie die Freiheit als bloße Freizeit nehmen und auf diese Weise sowohl die Freiheit als auch die Erde missbrauchen. Als Gegenmittel droht die Politik mit der Ökodiktatur.

Ich will hier nicht auf Einzelheiten eingehen, denn schließlich gibt es kein menschliches Leben ohne Risiko. Nicht über ein paar Grade im Kompass des Lebens sollten wir Klarheit gewinnen, sondern über die Richtung insgesamt, die wir mit dem Kompass einschlagen. Besser, weil am Ende sogar praktischer, will ich die Frage hier theoretisch und grundsätzlich stellen: Was ist der Sinn von Fortschritt? Woher kommt der Widerspruch im Fortschritt? Und wie sollte ein vernünftiger Mensch sich zu Fortschritt und Rückschritt verhalten?

Zunächst einmal sind Fortschritt und Leben einfach dasselbe. Wir sind irdische Wesen, wir kennen das Leben nur aus dem Kampf ums Überleben, es will weiterhin überleben. ›Survival of the fittest‹ ist das darwinische Stichwort. Wo der Wille zum Überleben fehlt, oder wo die Fähigkeit verloren gegangen ist, dort wird bald überhaupt kein Leben mehr zu finden sein. Nur macht sich hier ein typischer Widerspruch des endlichen Lebens bemerkbar, ja, ein Abgrund tut sich auf: Obwohl das Überleben das Ziel des Lebens in der Natur ist, wird dieses Ziel nirgendwo und niemals in der Natur erreicht. Alle Sieger im Kampf ums Überleben sind zwar auch Enkel in diesem Kampf, sie werden aber auf Dauer nicht überleben, oder nur für kurze, sehr kurze Zeit.

Das ist der erste Widerspruch, den wir erkennen, wenn wir das natürliche Leben anschauen. Der zweite Widerspruch ist der Hauptinhalt des Lebens, der in der Sorge besteht, die Mittel für das Überleben des Lebens bereit zu stellen, das dann doch im Tode versinkt. Eine merkwürdige Erscheinung: Im Falle des Lebens besteht das Ziel darin, die Mittel bereit zu stellen, dieses Ziel weiterhin zu verfolgen, doch dieses Ziel wird in nächster Zukunft nicht mehr erreicht werden können. Da beißt sich die Katze in den Schwanz, erster Widerspruch, und das nur für kurze Zeit, zweiter Widerspruch. »Das Leben ist kurz, aber die Stunde ist lang.« Ja, der Seufzer ist korrekt, mit dem der Schlossherr Dubslav von Stechlin nach einigen

Wochen der Krankheit seinen Abschied von diesem Leben nimmt.

Dem Leben wohnt ein Widerspruch inne: Es ist sterblich, will aber nicht sterben. Es ist endlich, strebt aber danach, nicht endlich zu sein. Schon weit vor dem Beginn von Krankheit, Einsamkeit und Tod ist die Endlichkeit die Quelle, aus welcher der Widerspruch des Daseins quillt. Adlige, die ihren Adel bis wenigstens auf den dritten Kreuzzug zurückführen können, oder Sozialisten, die an das Glück der künftigen klassenlosen Gesellschaft glauben wollen, mögen ihre Endlichkeit in dieser Weise auf die lange Bank schieben. Eine Lösung ist weder so noch so in Sicht, deshalb bieten beide Wege keine Erlösung von der Endlichkeit an und alle anderen Wege auch nicht. Jede Gattung ist sterblich, wie jedes einzelne Lebewesen sterblich ist innerhalb der Gattung. Nicht einmal das egoistische Gen wird überleben.

Natürlich kann man den Spieß auch umdrehen und das Leben mit dem Ruf ausspeien: Aut Caesar, aut nihil! Wenn ich schon nicht der Kaiser sein kann, wenn mir der Besitz der Erde, der Welt, der Unendlichkeit verwehrt ist, dann wähle ich das Gegenteil, ich stürze mich in das Nichts. Ist das eine Lösung? Für einen kurzen Augenblick kann ich diesen Weg verstehen. Aber den Weg empfehlen? Das kann ich nicht. Das endliche Leben steht zwischen der Unendlichkeit und dem Nichts, und da ist es verführerisch, mit einer glatten Lösung reinen Tisch machen zu wollen. Wenn die eine Seite nicht zu erreichen ist, dann vielleicht die andere Seite, Hauptsache eindeutig, selbst wenn es eindeutig falsch wird!

Auf vielen Gebieten schon hatte ich die Wahrnehmungskraft Romano Guardinis zu bewundern, gestorben 1968, dieses deutschen Philosophen und Priesters. Auch in diesem Falle bewährt sie sich wieder. Seine Philosophie der Person hat ihn hellsichtig gemacht für die Erlösungen, welche die Neuzeit angeboten hatte, die aber in der Mehrzahl wohl durch Einseitigkeit und damit durch Unterschlagung erkauft waren. Er meint, die Antike habe den Begriff der Person gar nicht gekannt, ja dieser Begriff scheine sich außerhalb des biblischen Bereiches überhaupt nicht zu finden, weder im Osten noch im Süden von Europa. Der neuzeitliche Geist in Europa selbst aber neige dazu, die »Person aufzulösen ... – oder aber die Endlichkeit der Person zu überschwingen und von ihr in einer Weise zu reden, die nur von der absoluten Person zulässig ist«[5].

In edler Gestalt mag man die Auflösung in Buddha bewundern, weshalb Guardini diesen Siddhartha Gautama mit großer Achtung behandelt hat. Aber die weniger edle Auflösung findet sich häufiger in der Welt. Da wird der Mensch im Genpool versenkt oder er wird zum dressierten Affen herabgesetzt, oder er wird als Zigeuner betitelt, der am Rande des Universums wider alles bessere Wissen sein verlorenes Spiel treibt. All das aus Enttäuschung über den endlichen Menschen, der nicht der unendliche sein kann! Immer steht der Mensch zwischen Wachstum und Abnahme, niemals auf der Seite des Nichts oder der Unendlichkeit, immer dazwischen. Doch eine Erlösung durch Reduzierung nach oben oder nach unten ist nicht in Sicht, das lässt die Wirklichkeit nicht zu, das verwehrt der Urheber des Lebens. Warum? Ganz einfach: Weil er uns ungefragt ins Leben gestellt hat. Deshalb bin ich nicht Nichts und nicht Alles.

1.2 Auf welche Grundlage soll ich mein Aha-Erlebnis, das ich dem Schriftsteller Fontane verdanke, stellen? Schließlich ist nicht jeder Einfall eine Eingießung des Heiligen Geistes, manchmal kommt die Eingießung auch von unten. Wie also kann ich den Einfall haltbar und verantwortbar machen? Aber auch umgekehrt: Wie sollen wir den ewigen Streit von Fortschritt und Rückschritt vor dem Vergessen bewahren, da uns das tägliche Leben mit immer neuer Lust und Last bedrängt?

Ich nehme Charles Darwin und Jesus Christus zu Hilfe,

gerade diese beiden. Das sind zwei große Lehrer des Lebens, einmal des äußeren, dann des inneren Lebens, also des Lebens überhaupt. Ihre nahe Verwandtschaft wird sich sofort zeigen. Natürlich kann die Evolutionslehre nicht unmittelbar zur jesuanischen Lehre mutieren, dennoch führt die Evolutionsbiologie auf eine gewisse und konsequente Weise zur Theologie der Liebe, nämlich durch die Methode der Anknüpfung im Widerspruch. Den Widerspruch des Lebens, das in sich verknotet ist, haben wir schon gesehen, es fragt sich nur, wie wir diesen Knoten aufknüpfen können. Oder, da das Aufknüpfen des Knotens zu schwer sein könnte, wie wir an ihn anknüpfen können.

Welche Aussage Darwins sollen wir als zentral für ihn einstufen? Ich denke, es ist nicht ganz falsch zu sagen: Das ›survival of the fittest‹, das wir schon erwähnt haben, steht im Zentrum der Evolutionslehre Darwins. Der Wille zum Überleben ist der Motor, der das Leben antreibt, dessen andere Teile wir hier nicht weiter bedenken müssen. Wie zum Beispiel das Spiel von Mutation und Selektion oder die Lehre von Robert Malthus über die allzeit knappen Plätze für das Leben in der Welt. Das sind wichtige Bausteine, die den Motor des Lebens in Gang halten, aber der Motor selbst, das ist der Wille zum Überleben. Von der molekularen Genetik, die allen Vorgängen zugrunde liegt, ist hier ebenfalls nichts weiter zu sagen.

Der Aussage Darwins steht die Aussage Jesu entgegen, oder vielleicht steht sie Darwin auch zur Seite: »Wer sein Leben bewahren will, wird es verlieren; wer es dagegen verliert, wird es bewahren.« Was mag dieses Mors-vita-Wort Jesu heißen? Jesus sieht im Leben einen Widerspruch, eine Dialektik am Werk, auf welche der Mensch eine Antwort finden muss. Welchen Widerspruch und welche Antwort? Wenn man Auskunft bei beruflich Bibelkundigen sucht, so erhält man zwei oder drei verschiedene Antworten, die wohl etwas von der Dialektik des Lebens widerspiegeln, aber dem Leben selbst recht äußerlich bleiben. Ein Teil der Fachleute erklärt, mit dem Wort fordere Jesus angesichts seiner Botschaft auf, umzudenken, umzukehren und das eigene Leben zu ändern.[6]

Ob diese Deutung ausreicht? Wenn ich mein Leben ändern soll, dann bleibt das Leben selbst bestehen, seine Substanz scheint nicht in Gefahr zu sein; ich soll oder ich will nur ein paar Mängel in meinem Leben abstellen. Doch nach dem Wort Jesu geht es im Leben um dieses Leben selbst, das ich erhalten will und nicht erhalten kann. Entgehe ich diesem Grundwiderspruch durch Änderung meines Lebens? Vielleicht, doch dann muss von dem inneren Widerspruch des Lebens selbst die Rede sein, und davon habe ich nichts gelesen, in keinem Kommentar, den ich dazu aufgeschlagen habe.

Andere Bibelkundige sehen sich durch das Wort zum Martyrium aufgefordert. Jedenfalls im Notfall soll der Anhänger Jesu für den Glauben das Leben lassen. Dann kann das neue Leben natürlich nur im kommenden Äon gewonnen werden, nach dem Tode, nicht in dieser Zeit. Diese Deutung ist schon ganz gut, im Grenzfall kann das Wort Jesu tatsächlich zum Martyrium geleiten, denn das eigene Leben um jeden Preis erhalten zu wollen, würde den Sinn des Lebens töten, weil ich im Grenzfall dann sogar ein Verbrechen begehen dürfte, wenn die Erhaltung des Lebens der Wert über allen anderen Werten wäre. Deshalb muss ich zum Martyrium bereit sein, wenn das Leben einen Sinn haben soll. Aber der tiefe Widerspruch des Lebens selbst, das aus dem Tode kommt, das einen tödlichen Kampf ums Überleben ficht und doch das Ziel des Überlebens unter keinen Umständen erreicht, ist mit dieser Auskunft über das Martyrium nicht einmal berührt.

Ebenfalls die Exzesse des Lebens, die andere Ausleger anführen, wie sie in Sodom und Gomorrha gefeiert wurden, dürften nur von ferne den Sinn des Wortes treffen. Wie sollte Jesus aber das Wissen von Tod und Leben haben, wenn er auf den ganz alltäglichen und doch schreienden Widerspruch des

Lebens keine Antwort hätte? Ich meine, das Wissen vom Leben müssen wir in diesem Wort suchen, eben weil es von Tod und Leben handelt, auch weil Jesus es einige Male im Munde geführt und auch wohl selbst nach diesem Wort gelebt hat. Ich nenne das Mors-vita-Wort Jesu die Gründungsurkunde der guten Religion.

Die schlechte Religion gibt es auch, sie macht den Hauptteil des religiösen Lebens aus, sie ist die Religion des Hundes. Sie hat ebenfalls die Gefahren im Blick, denen das Leben täglich ausgesetzt ist. Aber die schlechte Religion akzeptiert das endliche Leben nicht, sie setzt vielmehr die religiösen Übungen und Gott selbst als Mittel ein, um das endliche irgendwie in das unendliche Leben zu verlängern. Wie der Hund auf seinen Herrn schaut, so schaut der Mensch in der schlechten Religion auf Gott, damit dieser ihm seine schwankende Identität befestigt. Der Mensch lebt in der Zeit, er war nicht immer, und er wird nicht immer sein; vor allem hat der Erdenbewohner sich nicht selbst geschaffen. Diese ungesicherte Identität zu sichern, darauf sinnt der Mensch zeit seines Lebens, eben seit er seine Sterblichkeit gemerkt hat. Darum konnte in der Neuzeit die Natur an die Stelle Gottes treten, darum war auch der Naturalismus, also der Glaube an die erlösende Funktion von Wissenschaft und Technik, eine schlechte Religion, in welcher der gefährdete Erdenbewohner sein Heil in der Beherrschung der Natur suchte, um dadurch sein Ich zu sichern. Wir haben davon gehört, Descartes hatte es als erster deutlich versprochen. Als Meister und Herrscher über die Natur würden wir dem Alter und der Krankheit entfliehen.

Und ich denke, jede schlechte Religion begeht Verbrechen, weil sie Gewalt verwenden muss und diese für gerechtfertigt hält, ohne damit doch wegen der Sterblichkeit zum Ziel zu kommen. Natürlich sind damit keine Verbrechen gegen staatliche Gesetze gemeint. Aber auch was legal ist, kann illegitim sein, wenn ich im Konfliktfall mein Interesse höher stelle als das Interesse des Nachbarn. Und da meine Ellbogen mein Leben doch nicht retten können, löst dieses unterdrückte Wissen zugleich noch meine Empörung aus. Jeder Tag verkündet jedem Menschen seine Sterblichkeit. Wer in seinem endlichen Leben nur die Gefährdung sieht, die von anderen Lebewesen oder fremden Religionen und Weltbildern ausgeht, wird sich bedroht fühlen. Wer sein Leben behalten will aus eigener Kraft, der wird es nicht behalten können. Und dieses Wissen begleitet den Menschen allezeit, ob er es will oder nicht, und im Konfliktfall zieht der natürliche Mensch sein Leben dem Leben des Nachbarn vor.

Und die Gnade Gottes? Ja, sie gibt es, sie ist aber nicht dazu da, dem Menschen das Leben auf der Erde zu erhalten. Die Gnade will befähigen, am wirklichen Leben teilzuhaben, nicht am Leben festzuhalten.

Ich kann mir nicht helfen, aber ich meine, man muss seinen Tod angenommen haben, um ohne Verbrechen in dieser Welt leben zu können. Man muss etwas anderes in seinem Leben wollen, als nur sein Leben erhalten zu wollen. Selbst wer der banalen Rede folgt: Ich will etwas vom Leben haben, fürchtet sich vor dem Tod, begeht Unrecht und verfehlt deshalb sein Leben. »Man muss gestorben sein, um ganz ein Schaffender zu sein.«[7] Mit diesem Satz rührt Thomas Mann an das Geheimnis des Lebens, an den Tod, an die Bereitschaft zum Tode, aus dem das Leben neu entspringt. Natürlich ein wenig in literarischer Gestalt, denn dieser Schaffende war eben ein Literat, das war sein Leben, das er gewinnen wollte.

Durch dieses Sterben, das ernst genug zu nehmen ist, tritt der Mensch in ein Leben ein, in dem es nicht mehr nur um das eigene Überleben im natürlichen Sinne geht. Das hatten wir oben als die Dialektik, als den Widerspruch des bloß äußeren Lebens erkannt: Dem darwinischen und biologischen Leben geht es nur um das Überleben, und dieser Lebensinhalt ist tragisch, da das Leben sein Ziel nicht erreicht, aus dem Grunde, weil auch alle anderen das Ziel erreichen wollen. Die Endlichkeit selbst ist noch keine Gefahr; erst wenn ich sie als Gefahr ansehe, wird sie gefährlich und wird zur Konkurrenz, die den Tod erzeugt.

Nachdem man gestorben ist, taucht jedoch ein anderer Inhalt des Lebens auf: Jetzt geht es dem Leben nicht mehr nur um das eigene Leben, es geht auch um das andere Leben. »Du sollst dich des Falles deines Feindes nicht freuen; nicht sei dein Herz froh über sein Unglück.«[8] So kann noch einmal Thomas Mann in gehobener Stimmung den Mose ganz unmosaisch sprechen lassen, weil er als Gestorbener im Schaffen steht. Wenn ich Erbarmen mit meinem Feinde habe, dann ist das darwinische Gesetz doch nicht das Grundgesetz des Lebens gewesen. Und diese Befreiung von mir selbst empfinde ich als Erlösung, als Durchbruch von mir selbst weg und gleichzeitig zu mir hin, weil ich nicht mehr in Sorge sein muss um mein eigenes Leben. »Seid ohne Sorge um euch selbst«, ist ein weiteres der Lieblingsworte Jesu. Jedenfalls wird sein Mors-vita-Wort nur auf dem Hintergrund der Evolutionslehre verständlich, als Anknüpfung im Widerspruch an die Widersprüche des Lebens. Ansonsten hat es wenig Kraft.

Welches Aussehen dieses andere Leben hat? Ja, dazu braucht es eine weitere Überlegung. Die Natur, wie wir sie kennen, begegnet uns in unbelebter und in belebter Gestalt. Von der einen Gestalt der Natur handelt die Physik, von der anderen die Biologie. Die beiden Wissenschaften haben sich im 20. Jahrhundert in eine eindeutige Richtung bewegt, weil sie von der Quantentheorie und der Evolutionslehre ihre neuen Grundlagen bekommen haben. Ihnen liegen zwei Prinzipien zugrunde: Zufall und Notwendigkeit sowie Mutation und Selektion.

Diese beide können wir als Ausdruck eines Doppelprinzips erkennen: Das eine Prinzip ist das Nichtwissen, der Zufall und die Mutation, das andere ist ein Prinzip des Wissens, das ist

Notwendigkeit und Selektion. Diese beiden lassen sich nicht weiter vereinen, Wissen und Nichtwissen können in kein neues Wissen verbunden werden, keine Dialektik schafft die Synthese. Also sollten wir zu der Erkenntnis gelangen: Nicht alle Wirklichkeit ist Natur. Diese andere Wirklichkeit, die anders ist als Natur, das ist das, was wir als das wirkliche Leben suchen. Wir können es das wahre Leben nennen, oder die Freiheit, oder Gott, oder Person. Oder den Nächsten, in dem ich Bruder und Schwester erkenne.

Die Einsichten Darwins und Jesu ergänzen sich vollständig, eben bis auf das Vorzeichen, das ich dem Leben gebe: Die Evolutionslehre beschreibt das Leben auf der Naturebene; das Wort Jesu dagegen ist die Entdeckung der Wirklichkeit, die über die Natur hinaus liegt und in der Natur ihre Gestalten ausbildet. Die Erfahrung einer gelungenen Bekehrung zur guten Religion würde also besagen: Ich habe den tödlichen Wettlauf in Welt und Natur verstanden, ich mache ihn nicht mehr mit, ich verlasse den Kampfplatz. Nein, nicht ganz, ich gehe an den Rand des Platzes und pflege dort die Kranken und Verwundeten des endlosen Kampfes ums Dasein. Das war es wohl, was Nietzsche gemeint hatte, als er das Christentum beschimpfte und ihm den Ehrentitel der Hospitalreligion verlieh: »Der christliche Gottesbegriff – Gott als Krankengott.«

»Terra accusat terram«, das wird Jesus vielleicht in den Sand geschrieben haben, als ihm die Ehebrecherin zur Steinigung vorgestellt wurde oder als er an Nietzsche dachte. »Die Erde klagt die Erde an.« Wer an den Rand des Kampfplatzes gegangen ist, braucht nicht mehr anzuklagen, denn die Feinde sind ihm ausgegangen. Er hat keine große Angst mehr um sein Leben, er kämpft nicht mehr in erster Linie um seine Erhaltung, er pflegt die Verwundeten. Er hat den Frieden.

Der Ausstieg lässt sich leicht aussprechen, und mächtig leuchtet der Friede ein, der hier wartet, aber nur schwer ist er zu gewinnen. Das heißt, er ist aus menschlichen Kräften gar nicht zu gewinnen. Ich erfahre die Fähigkeit zum Verlassen des dunklen darwinischen Kampfplatzes als unbegreifliches Geschenk, als Gnade, als Seligkeit. Was hörte Augustinus im Augenblick seines Ausstieges? Es war eine Stelle aus Paulus, er berichtet darüber im achten Teil seiner *Bekenntnisse:* »Lebt ohne maßloses Essen und Trinken, ohne Unzucht und Ausschweifung, ohne Streit und Eifersucht. Legt den Herrn Jesus Christus an, und sorgt nicht zu sehr für euren Leib, damit die Begierden nicht erwachen. Weiter wollte ich nicht lesen, es war nicht nötig. Kaum hatte ich den Satz zu Ende gelesen, da strömte wie ein Licht die Gewissheit in mein Herz, und alle Schatten des Zweifels verschwanden.«

Ich erfahre den Verzicht auf den Kampf ums Dasein, dieses Heraustreten aus der Konkurrenz als Tod, als Sterben am eigenen Leib. Wer nicht mehr mitkämpft in der darwinischen Natur und Kultur, was sollte diesem Menschen anderes geschehen? Er macht die andere Erfahrung: Wenn ich mich zuerst um das Reich Gottes sorge und nicht mehr um mich selbst, dann wird mir alles andere, was ich zum Leben brauche, dazu gegeben. Die Welt wird mir zum Geschenk, wenn ich keine Forderungen mehr an sie habe. Oder auch: Wenn ich mich nicht mehr über den Besitz definiere, kann ich sogar die Spitzensätze Jesu verstehen: ›Wenn dich einer auf die linke Wange schlägt, dann halt ihm die rechte hin, und wenn einer deinen Mantel haben will, dann lass ihm auch das Hemd. Du lebst vom heutigen Tag an nicht mehr zuerst in Sorge um dein Leben, etwas anderes ist an die erste Stelle getreten.‹ Diese Bekehrung führt zur Erfahrung eines anderen Lebens, eines neuen Daseins, das nicht zuerst in Sorge um sich selbst steht, sondern in Sorge um den anderen, um den Bruder und die Schwester.

Jetzt verstehen wir ein wenig besser die Dialektik von Fortschritt und Rückschritt. Der weltliche oder natürliche Fortschritt kann nur zeitweilige Erfolge feiern. Sein Inhalt ist bei tausendfacher Vielfalt doch immer auf ein einziges Ziel ausgerichtet: auf das Überleben. Was immer als Lebensqualität gepriesen sein mag, zum Beispiel die Gesundheit oder der Reichtum oder die Schönheit, hat vor allem das eine Ziel, den Tod etwas hinaus zu schieben. Reichtum ist dazu sehr gut geeignet, und zwar in direkter wie in indirekter Form. Geld ist die Ansammlung von Mitteln für freigehaltene Zwecke. In direkter Weise erlaubt Geld, materielle Probleme im Leben zu lösen; und das Geld erlaubt, wenn genügend viel vorhanden ist, auch eine schnelle Lösung.

Aber der Reichtum hat noch eine andere Wirkung gegen den Tod. Der Wohlstand erlaubt eine noch raffiniertere Strategie, das ist der Luxus. Reiche Leute sind meist verwöhnte Leute, sie sind vornehm und lieben die schönen Dinge. ›Leute, die fein gekleidet sind, findet man in den Palästen der Könige.‹ Der schöne Schein leistet eine schwere Arbeit, er erzeugt den Eindruck der Leichtigkeit des Daseins, auf jeden Fall scheint die Grenze des Lebens, diese lastende Vergeblichkeit aller Mühen, die durch den Tod offenbar wird, im Luxus nicht zu existieren. Der ästhetische Lebensstil lässt den Kampf ein wenig vergessen, aus dem das Leben geboren ist. Wenn mir alle Dinge mit Leichtigkeit zur Verfügung stehen, dann scheint es keine Konkurrenz mehr zu geben, wenigstens nicht für mich. Also scheint es auch das Nebenprodukt der Konkurrenz, den Tod, für mich nicht mehr zu geben. Deshalb lässt der Vater seinen Sohn Gautama, den späteren Buddha, im Palast und in den Gärten des Palasts erziehen, damit er fern vom Anblick aller Leiden aufwächst.

Aber eine wirkliche Lösung ist Reichtum und Vornehmheit auf die Dauer natürlich nicht. Kein individueller oder kein kollektiver Fortschritt kann mit dem Widerspruch des Lebens fertig werden, wenn der Fortschritt im Festhalten des Lebens gesucht wird. Dann ist der Tod unausweichlich. Umgekehrt erst wird ein Schuh daraus, mit dem man festen Boden unter die

Füße bekommt. Und das bedeutet: Kein bloßes Festhalten des irdischen Lebens. Wie kann aus dieser theoretischen Erkenntnis eine lebenspraktische Haltung werden? Das soll das Thema des nächsten, des zweiten Kapitels sein.

1.3 Doch zunächst eine kleine Vorbemerkung. Es mag nicht zeitgemäß oder empfehlenswert erscheinen, über Askese und Opfer zu sprechen, und zwar mit Zustimmung, wie ich es hier tue. Die Empörung über die Zumutungen des Lebens hat immer weit mehr Konjunktur. Ich persönlich neige aber dazu, dem Leben zuzustimmen, so wie es vorliegt, nicht wie ich es gerne hätte, kleine Verbesserungen ausgenommen. Das ist die schwierige Lektion der nachträglichen Zustimmung. Wir wurden nicht gefragt, ob wir ins Leben treten möchten.

Deshalb werden hier keine Gefühle der Empörung befriedigt. Das als ein vorsichtiger Hinweis für den Leser der folgenden Kapitel, auch wenn sich mein Vortrag bisher noch nicht sehr schmerzvoll angehört hat. Der Schmerz wird noch kommen. Es gibt einen Ärztespruch aus dem Munde des kauzigen Lehrers aus dem Film *Die Feuerzangenbowle:* »Medizin muss bitter schmecken, sonst nützt sie nichts.« Die Forschung hat sich bemüht, den Spruch für die konsumtive Gesellschaft zu entkräften. Weitgehend ist ihr das Vorhaben auch gelungen, die Medikamente schmackhaft zu machen, allerdings hat sie die Zumutungen des Lebens selbst noch nicht ganz abgeschafft. Mit der Ersetzung ekligen Lebertrans durch einen süßen Sirup ist es nicht getan, und das Problem des endlichen Lebens ist durch die Erfindung von Viagra auch nicht gelöst. Lästig ist der Arzt allein schon durch seine Existenz, so sehr er gegen den Tod arbeiten mag. Wenn er vorsichtig ist und sich die Hände gründlich wäscht, verbreitet der Arzt keine Bakterien. Aber die unfrohe Botschaft vom vergänglichen Leben, deren Verbreitung kann er nicht verhindern.

Oder, es fällt mir ein anderes Beispiel ein. Hätte vielleicht

Otto Hahn das Atom nicht spalten sollen? Seine Neugierde im Dezember 1938 ist uns teuer zu stehen gekommen, obwohl sie zunächst billige und grenzenlose Energie in Aussicht gestellt hatte. Bis heute immer wieder verwickelt sie uns in neue Probleme. Und seine Entdeckung wird bei uns bleiben bis zum Ende aller Tage. Die Folge seiner Forscherlust bedroht die Menschheit mit schweren Gefahren, ja mit ihrer Auslöschung, entweder durch Kernwaffen oder durch die Verstrahlung der Erde. Aber hätte er seine Forschung unterlassen sollen? Hätte er sie vermeiden müssen, oder hätte er das Ergebnis nicht veröffentlichen dürfen?

Müßige Frage! Es gehört zum erwachsenen Leben, mit schmerzlichen und gefährlichen Wahrheiten umgehen zu können. Wahr bleibt seine Entdeckung der Uranspaltung auf alle Fälle. So verstehe ich auch die Entdeckung der sogenannten Evangelischen Räte. Wer will sie schon als Stützpfeiler der Kirche anerkennen, ja der Gesellschaft und der menschlichen Natur? Die Entdeckung mag schmerzhaft sein, aber, wie lautet das Sprichwort noch, das gegen alle Versüßung der Pillen seine Schlagkraft behalten hat? Eine angenehme Medizin mag gut schmecken, sie verschleiert gleichzeitig die Lage des Lebens.

Was sind die Evangelischen Räte? Dem Rang nach sind die Räte tatsächlich Ratschläge aus dem Evangelium, sie gehören nicht zu den Geboten, weder zu den zehn mosaischen Geboten noch zum unbegrenzten Gebot Jesu der Nächstenliebe. Gebote sind verpflichtend für jeden, der seinen Verstand betätigen kann, weil alle Gebote die gleiche Struktur haben: Was du nicht willst, das man dir tu, das füg' auch keinem anderen zu. Da du von Natur aus geliebt werden willst, folgt aus der Goldenen Regel das Gebot der Nächstenliebe, was allerdings nicht von Natur aus geschieht, denn der Mensch trägt das darwinische Gen des Egoismus in sich. Alle Gebote sind leicht zu verstehen, schwer ist nur ihre Ausführung, da der natürliche Egoismus sie anderen zwar gerne aufredet, sich selbst davon aber befreit wissen will. Bei den Räten ist die Schwere noch gesteigert: Ich verlange ein Opfer von mir selbst, das ich von anderen nicht verlange. Die Räte sind eben Ratschläge für wenige, für Männer und Frauen mit einer seltsamen Berufung, und sie haben einen schwierig zu bestimmenden ethischen Status. Wir werden uns um die Schwierigkeit kümmern und dabei auf den harten Kern der Räte stoßen: Das Notwendige, das nicht verpflichtend sein kann, soll notwendig gegenwärtig sein. Der Sinn dieser jetzt noch dunklen Rede wird sich in der Folge aufhellen.

Dem Inhalt nach heißen die Evangelischen Räte einfach Armut, Ehelosigkeit, Gehorsam. Dazu gehört auch der freiwillige Eheverzicht des Priesters in der Kirche, was aber nur zusammen mit den beiden anderen Räten eine lebensgültige Gestalt ergibt. Eigentlich ist diese 2000-jährige Tradition der Kirche erst auf dem Hintergrund der Evolutionslehre zu verstehen, obwohl wir von der Evolution des Lebens erst seit 200 Jahren wissen. Die Evangelischen Räte verneinen den natürlichen Egoismus der Triebe, sie kehren die sogenannten Brisanten Interessen der darwinischen Evolution ins Gegenteil um. Die brisantesten Interessen des Menschen, mit denen er sein Überleben in der Natur sichern will, sind wohl daran zu erkennen, wie hart zu allen Zeiten an ihrer Zügelung gearbeitet worden ist. »Der schärfste, symbolisch hoch überzogene Interessenverzicht ist wohl der der Bettelorden. Die drei mönchischen Gelübde lauten: Armut, Gehorsam, Keuschheit; also Verzicht auf Besitz, Herrschaft, geschlechtliche Liebe. Dies dürften die brisanten Interessen sein.«[9] Diese Räte greifen tief in die Triebstruktur des Menschen ein, um mit den Widersprüchen des Lebens in der Natur fertig zu werden. Und der älteste, der uralte Trieb heißt der Wille zum Überleben. Natürlich sind die Evangelischen Räte nicht sehr natürlich, aber die Natur ist auch nicht sehr natürlich. Sie operiert zwar nach dem Grundsatz des ›Survival of the fittest‹, verwehrt aber vollkom-

Fortschritt und Rückschritt

men das Erreichen des Zieles. Deshalb dürfte die Heilung der Natur auch nicht allein von der Natur zu erwarten sein.

Also, wenn sich der Wille, der sich mit Wissenschaft und Technik die Natur in großem Stile unterworfen hat, als widersprüchlich, als tragisch erweist, was dann? Was soll dann geschehen? Niemand, der diese Zeilen liest, ist nicht in den Widerspruch seiner Triebe verwickelt. Der Leser kann also, etwas guten Willen vorausgesetzt, verstehen, was ich sage. Wir sind Enkel von Siegern im Kampf ums Dasein, und wir haben die Triebe zum Überleben geerbt, aber wir werden nicht überleben. Was gilt es da zu tun? Oder, was gilt es da zu denken und dann zu tun?

Ich bin ein Theologe mit einem großen Interesse für die Naturwissenschaften. Beide Seiten werden Einfluss nehmen auf unser Thema. Es geht eben immer um die Hochzeit von Gott und Natur. Weder sind Gott und Natur eines, noch sind sie zwei, sondern auf lebendige Weise sind sie Eins und Zwei zugleich. Zunächst lobe ich den Vorteil des Unterschiedes von Theologie und Lehramt. Als Theologe, der nicht zum kirchlichen Lehramt gehört, brauche ich meine Erkenntnis nicht in die Praxis umzusetzen. Für diesen Zweck hat die Vorsehung andere Personen in der Kirche berufen. Der Unterschied gehört zum heimlichen Vorteil des kirchlichen Theologen. Die Theologie ist der Offenbarung verpflichtet in der jeweiligen Zeit, eine zeitenthobene Wahrheit ist ja für den Menschen nicht erreichbar.

Dennoch darf die Theologie nicht die Vorurteile der Zeit wiederholen. Aggiornamento bedeutet Anknüpfung in Parallele und, nicht zu vergessen, Anknüpfung im Widerspruch. Aggiornamento heißt, einen Inhalt in der Sprache der Zeit zu sprechen, den die Zeit nicht hören will. Ansonsten würde die Kirche nur die unlösbaren Rätsel der Welt, das heißt der darwinischen Natur wiederholen. Das Lehramt hat zu verkündigen, ob es für eine immer und überall geglaubte Wahrheit der

Kirche jetzt an der Zeit ist, hervorzutreten und lehrhafte Gestalt anzunehmen. Durch die öffentliche Formulierung findet die Kirche dann auf eine neue Weise zu sich selbst.

Noch ein Wort zur Wahl zwischen Zahl und Wahrheit! Es könnte die Kirche vor die Wahl gestellt werden, vor der sie eigentlich immer steht: Soll sie mehr Wert legen auf die Wahrheit, oder mehr Wert auf die Interessen der Gesellschaft? Es ist die Situation des Apostels Paulus auf dem Areopag.[10] Als er den Athenern von der Auferstehung der Toten berichtete, waren sie empört und stoben auseinander: »Darüber wollen wir dich ein anderes Mal hören.« Wenn Paulus mit seiner unangenehmen Wahrheit vorsichtiger gewesen wäre, hätte er vielleicht ein paar mehr Anhänger gewonnen. Er verzichtete auf die Vorsicht.

Natürlich ist hier nicht einfach nach dem Schema von Schwarz oder Weiß zu entscheiden. Denn die Meinung der Leute in der Gesellschaft ist tief gespalten. Wer heute eine Mehrheit findet, kann sie morgen schon verloren haben. Zudem kann das wahre Interesse der Gesellschaft bei unangenehmen Wahrheiten gerade im Gegensatz zur öffentlichen Meinung stehen. Oder, wie es ein Bischof formuliert hat: Die Kirche kann sich in der nächsten Zeit nicht auf Quantität stützen, sie muss sich durch Qualität hervortun. Mal ist die Kirche die sichtbare Stadt auf dem Berge, mal ist sie der unsichtbare Sauerteig, sie ist mal auf diese Weise in ihrer Wahrheit, mal auf die gegenteilige Weise.

Die lautstarke Kritik an der Kirche der letzten Jahre und Jahrzehnte, die publizistisch beliebte Rede vom Problemstau, den ein betoniertes Lehramt immer weiter ansteigen lasse, hat zwar nicht zu einer Änderung von Lehre und Praxis der Kirche geführt, aber sie hat, wenigstens in Europa, wo die Rede erschallt, die Kirchen und Seminare entleert. Doch ich bin zuversichtlich, diese Schrumpfung gehört zur Wahrheit der Kirche: Wehe, wenn euch die Leute loben! Die Kirche, wenn sie denn die Versammlung des Herrn sein will, kann nicht nach dem Fortschritt in der Natur leben, denn den gibt es nur als Schein. Unsere Kirche gibt es nicht, es gibt nur die Kirche des Herrn. Leben muss sie den Fortschritt Jesu, und der bedeutet keinen Zuwachs an Leben in dieser Welt. Im Schrumpfen der Kirche unterscheidet sich die gute von der schlechten Religion mehr und mehr.

Aber vielleicht gilt auch: »Wenn ich das Gegenteil gesagt hätte, wäre es ebenso richtig.«[11] Diese Kritik kann selbst dann positiv wirken, wenn sie negativ und gar nicht kirchlich gemeint ist, wenn sie gar den Untergang der Kirche eindringlich wünscht und betreibt. Aufschlussreich ist hier, wie der geborene Lutheraner Friedrich Nietzsche seinen Gottesmann verflucht hat. Luther, so ruft er aus, sah die Verderbnis des Papsttums und kämpfte gegen sie an. Aber Alexander VI. oder Leo X, sie waren nicht die Verderbnis, sie waren das Leben selbst in der Meinung Nietzsches: Das pralle Leben saß da auf dem Stuhle Petri. »Das große Ja zu allen hohen, schönen, verwegenen Dingen! ... Und Luther stellte die Kirche wieder her.«[12]

Tatsächlich hat es seit Luther keinen ausschweifenden römischen Bischof mehr gegeben, keinen Gegenpapst und keinen Krieg führenden Pontifex. Die Kirche kann sich keinen Tadel mehr leisten. Luther hat die Kirche gereinigt und gefestigt. Obwohl Luther den römischen Papst nicht liebte, hat er gerade Rom wieder fest in den Sattel gesetzt. Und mit dem Konzil von Trient, auch ein fernes Produkt Luthers, hat er der Kirche ein neues Bewusstsein ihrer Sendung geschenkt. Merkwürdiges Wehen des Geistes Gottes in der Welt! Die Feinde Israels setzt er als seine Erzieher ein, die Feinde der Kirche als ihre Retter.

Oder die großen Lehrentscheidungen, die Lehre zur Dreifaltigkeit und zur Menschwerdung Christi, zur Eucharistie und zu Maria, alles war Geschenk der Gegner an die Kirche. Es hat zwar manchmal Jahrzehnte, manchmal Jahrhunderte gebraucht, doch dann hat die Kirche Ja gesagt zu ihren

Schmerzen und mit einfacher Umkehr des Vorzeichens ihren eigenen Herzschlag in den falschen Lehren erkannt. Wie heißen die verqueren Urväter der Kirche? Dem Arius verdankt die Kirche die Trinität und die Christologie, dem Pelagius die Gnadenlehre, dem Berengar von Tours die Transsubstantiation und die marianischen Lehren dem Liberalismus des 19. und 20. Jahrhunderts. Und gar die Lehre von der Unfehlbarkeit des Papstes: Die Infallibilität von 1870 hat viele umgekehrte Väter, zu ihnen gehört sicherlich Ignaz von Döllinger, der über dieses Geschenk an die Kirche zu ihrem bitteren Gegner geworden ist.

Diese Lehre von 1870 wirft eine weitere Frage auf. Was ist der günstige Zeitpunkt für eine neu-alte Lehre? Wann soll sie an den Tag treten? Ist der Tag jetzt gekommen, um in der Kirche die schmerzlichen-schönen Evangelischen Räte neu zu betonen? Als John Henry Newman über die Unfehlbarkeit des Papstes befragt wurde, hat er geantwortet: Er halte die Lehre für richtig; aber für nicht unbedingt richtig halte er den Zeitpunkt, an dem das Vatikanische Konzil diese Wahrheit bekannt gemacht habe. Eben das muss der Theologe auch nicht beurteilen. Es ist ihm das Leben leicht gemacht, wenn er mitten in der Kirche steht. Er muss sich nicht um die Verwirklichung seiner Erkenntnisse bemühen, selbst wenn er sie schwer und mit seinem eigenen Schweiß errungen hat. Er ist nicht verpflichtet, die Welt zu retten, nicht einmal die Kirche. Diese Aufgabe kann er anderen überlassen.

Für die Frage, wann etwas angemessen ist, habe ich immer ein Wort eines Politikers aus der Zeit des Vaticanum I im Ohr. »Ein willkürliches, nur nach subjektiven Gründen bestimmtes Eingreifen in die Entwicklung der Geschichte hat immer nur das Abschlagen unreifer Früchte zur Folge gehabt.« Ich glaube zwar an die Wahrheit dessen, was ich hier schreibe, aber ob die Früchte reif sind, das zu beurteilen überlasse ich anderen. Man kann auch sagen: Das Urteil lege ich in Gottes Hand.

2. Ökonomie und Ökologie

These II: Die konsumtiven Gesellschaften werden von außen zur Ökodiktatur gezwungen, wenn sie nicht von innen eine Kultur des Verzichtes entwickeln.

2.1 »Unserer konsumtiven Gesellschaft blieb es vorbehalten, diese Erfahrung zu vergessen.« Dies haben wir von Carl Friedrich von Weizsäcker gehört. Wie konnte die Erfahrung des Verzichtes, des Opfers, der Askese vergessen werden? Ich nehme an, weil die Endlichkeit vergessen war oder, besser gesagt, vergessen werden sollte. Die Botschaft der Neuzeit lautete über einige Jahrhunderte hin: Unendlichkeit! Entwicklung und Wachstum ohne Ende!

Und jetzt? Vielleicht ist die Kunde noch nicht bis in das letzte Dorf gelangt, aber in den Zentralen des Wissens weiß man von ihr: Die Erde ist rund und hat eine nicht wachsende Oberfläche, und selbst das Weltall, das sehr große, ist ebenfalls endlich, es wächst, aber ohne Zuwachs an Materie. Die Wissenschaft des 20. Jahrhunderts hat an der Unendlichkeit der Natur zu zweifeln begonnen, im gleichen Augenblick, als der Glaube des Publikums an diese Unendlichkeit seinen höchsten Stand erreicht hatte.

Die Erkenntnis wird eine ernüchternde Wirkung im Gefolge haben. Die Kolonisierung wenig entwickelter Völker in Afrika und Asien oder die nach Westen getriebene Kolonisation in Amerika von fast unbewohnten Gebieten hatte in der Neuzeit die Endlichkeit fast vergessen lassen. Wer im alten Europa das Gefühl der Enge hatte, wer mehr Raum brauchte, um sich zu entfalten, der war einfach über das Meer gefahren und hatte die Weite gefunden, die er suchte. Da konnte er in der schönen neuen Welt die Freiheit genießen, die er in der alten Welt vermisst hatte. Auch die europäischen Staaten fuhren vom 16. bis zum 19. Jahrhundert einige Male über das Meer und nahmen ein paar Kolonien an sich, als ihnen in Europa der Platz zu eng geworden war. Diese schöne Gelegenheit zur individuellen und kollektiven Erweiterung des Ich hatte es vor der Neuzeit nicht gegeben, noch besitzt jetzt die Nach-Neuzeit diese Möglichkeit. Jetzt ist wieder alles endlich geworden, wenn auch sehr viel größer als vor Jahrhunderten: die Erdoberfläche, der Kosmos, die Sonne, das Erdöl, sie alle haben eine ungeheure Ausdehnung, von denen unsere Ahnen nichts wussten, aber sie sind nicht unendlich. Selbst die Lichtgeschwindigkeit, ja die Natur selbst ist endlich geworden, da sie vor fast 14 Milliarden Jahren ihren Anfang genommen hat.

Wir können Bilanz ziehen: Die Neuzeit war das Zeitalter gewesen, das an die Unendlichkeit geglaubt hatte, genauer gesprochen, das sogar an den baldigen Besitz der Unendlichkeit geglaubt hatte. Die kühne Epoche meinte die Unbegrenztheit Gottes ersetzen zu können durch die unbegrenzte Eroberung der Natur, weil sie die Natur für unendlich hielt, sowohl dem Raum wie der Zeit nach. Nietzsche befuhr als der wahre Kolumbus in Gedanken den neuen Atlantik: »Alles glänzt mir neu und neuer, Mittag schläft auf Raum und Zeit –: Nur dein Auge ungeheuer Blickt mich's an, Unendlichkeit!«[1]

Um diese Schifffahrt hinaus ins Weltall ist es still geworden, nur die Phantomschmerzen der amputierten Hoffnung sind uns geblieben. Das Universum ist im 20. Jahrhundert auf allen Ebenen geschrumpft. In der Physik und in der Kosmologie, in der Evolution und in der Hirnforschung: Alle Erscheinungen in der Natur und die Natur selbst sind endlich geworden, eben weil nicht alle Wirklichkeit bloße Natur ist. Die schwerste Kränkung musste die Naturwissenschaft hinnehmen: Sie hatte auf ein Identitäts-, auf ein Wissensprinzip gehofft, auf eine volle kausale Erklärung aller von ihr untersuchten Erscheinungen. Was sie zum Schluss antraf, waren Zufall und Notwendigkeit, eine letzte, nicht übertreffbare Mischung von Nichtwissen und Wissen. Nicht über diesen Rahmen hinaus, vielmehr vollständig innerhalb dieses Rahmens bewegen sich die Wissenschaften, die Geschichte, die Natur, ja alles Leben.

Umgekehrt hatte die Neuzeit im Glauben an eine Gleichsetzung von Natur und Wirklichkeit gelebt, vom berühmten Spinoza mit seinem ›Deus sive natura‹[2] bis zu einem weniger berühmten Münchener Physiker, der die Formel zu seinem Lebensmotto gemacht hatte: »Alle Wirklichkeit ist Natur.«[3] Wir dürfen diese Formel nur umdrehen, um das gesammelte Ergebnis der wissenschaftlichen Anstrengung in einer neuen Grundformel vor Augen zu haben: »Nicht alle Wirklichkeit ist Natur.« Wenn die Natur von der Naturwissenschaft erforscht wird, dann stößt sie am Ende auf das Paar von Zufall und Notwendigkeit, das alle Bewegung in der Natur leitet oder, man muss sagen, zugleich auch nicht leitet. Denn nur die Notwendigkeit liefert Wissen von der Bewegung, der Zufall schränkt dieses Wissen grundsätzlich ein. ›Ja! Die Physik hat aufgegeben. Wir wissen nicht, wie man vorhersagen könnte, was unter vorgegebenen Umständen passieren würde. ... Dies ist eine Einschränkung unseres früheren Ideals, die Natur zu verstehen. Es mag ein Schritt zurück sein, doch hat niemand eine Möglichkeit gesehen, ihn zu vermeiden.‹[4] Für dieses Ergebnis hat die Wissenschaft einige Jahrhunderte gebraucht, doch ich meine, die Anstrengung hat sich gelohnt. Vor allem die Theologie kann von der neuen Grundformel einen großen Aufschwung erfahren.

Auch in praktischer Hinsicht hat jetzt die Endlichkeit den Menschen ganz in Beschlag genommen. Die Technik ist immer schon die Schwester der Wissenschaft gewesen. Sie war zugleich eine Schwester der Pandora; Hesiod im Altertum nannte sie das schöne Übel. Sie hat das überwältigende Geschenk von Wissenschaft und Technik auf die Erde gebracht. Doch in ihrem Gefolge werden die Energievorräte, die über Hunderte von Millionen Jahren in der Erde eingelagert wurden, in wenigen Jahrzehnten aufgezehrt sein. Zugleich steigt die ganz andere Gefahr auf, die Oberfläche der Erde in einen Müllplatz zu verwandeln. Das stärkste Argument der Umweltschützer lautet: Wenn heute die ganze Menschheit den Verbrauch an Energie hätte, den die westlichen konsumtiven Gesellschaften jetzt pflegen, dann wäre die Erde schon lange in die Knie gegangen.

Das seit hundert oder zweihundert Jahren anhaltende Wachstum des Wohlstandes hat die Idee eines ewigen Weiterwachsens für alle Zeiten nahe gelegt. Und, was das Schlimme ist, die Idee hatte nicht nur das Gefühl in Beschlag genommen, sondern auch den Verstand. Das ständige Wachstum ist der Sache nach vorbei, aber der Idee nach ist das Wachstum zum Normalgefühl des westlichen Menschen geworden. Was aber passiert, wenn das Wachstum ins Stocken gerät oder gar zum Erliegen kommt? Eine Gesellschaft zu regieren, deren Reichtum im Steigen begriffen ist, macht keine Mühe, diese Gesellschaft aber vom Glauben an das weitere Wachstum abzubringen, ist sehr schwer; gar unmöglich wird das Regieren, wenn es zum Schrumpfen kommt. Dann mag die Stunde der Diktatur wieder geschlagen haben.

Dieser Augenblick der Stagnation und des umgekehrten Wachstums wird kommen. Oder ist er schon gekommen? Für die Politiker wird die Situation schwierig werden, denn sie müssen ihren Wählern einige und mit der Zeit noch mehr Einschränkungen im Lebensstil auferlegen. Das sehen die Wähler auch ein, sie wählen gerne Umweltparteien. Sie meinen aber, bei der Einschränkung im Gebrauch der Ressourcen mehr den Nachbarn als sich selbst beschränken zu sollen. ›Das Notwendige soll geschehen, aber nicht notwendig bei mir.‹ So ist die Mehrzahl der Bürger für artgerechte Tierhaltung, dennoch

Ökonomie und Ökologie

kaufen sie in der Mehrzahl das Fleisch, die Milch und die Eier doch lieber beim Discounter. Wie bei den Regierten so bei den Regierenden. Das Sparen und die ökologische Nachhaltigkeit sind beliebt, ein Thema, das sie aber lieber anderen predigen, als sich beim Benzinverbrauch an die eigene Brust zu klopfen. Wer Wasser predigt und Wein trinkt, der beginnt die Ökodiktatur.

Eine genaue Definition ist nicht so leicht zu geben, denn das Leben ist bunt und vielfältig, da sieht eine Definition immer einfältig aus. Der Begriff unterscheidet scharf zwischen Schwarz und Weiß. Eine gewisse Diktatur gibt es in jeder Gesellschaft, weil das Zusammenleben immer wieder Einschränkungen mit sich bringt. So halte ich die Begrenzung der Geschwindigkeiten in Wohngebieten für sinnvoll. Doch wenn mein Auto geblitzt wird, nun ja, dann bin ich nicht mehr so sehr für das Verbot. Es gibt eine Sonntags- und Feiertagsregelung, die meine Aktivitäten einschränkt. Noch mehr bei der Schule. Ich muss meine Ferien, wenn ich Kinder dort habe, an die Zeiten angleichen, die mir die Schulbehörde vorgibt.

All dieses kann ich ertragen, weil ich die Vernunft der Maßnahme einsehe, wenigstens bei ruhiger Überlegung. Bei einer eigentlichen Diktatur aber glaubt nur eine Minderheit oder gar nur ein einziger Diktator, das Vernünftige einzusehen und seine Maßnahmen allen anderen auferlegen zu dürfen. Sei es um eine klassenlose Gesellschaft zu schaffen, sei es um ein Herrenvolk zum Sieg zu führen, oder sei es um die Natur zu retten. Wobei ich keine Diktatur kenne, die nicht früher oder später entartet ist, indem der Diktator und seine Klasse sich maßlos bereichert haben.

Hier bietet sich jetzt die Definition der Diktatur an: Um eines einzigen Zieles willen werden alle anderen Ziele heruntergestuft oder ausgelöscht. Und die Ökodiktatur will jetzt dieses eine Ziel erreichen: Das Überleben des Menschen in der Natur ist zu sichern!

Ökonomie und Ökologie

Um nicht missverstanden zu werden: Ich bin sehr für das Überleben des Menschengeschlechts über meinen eigenen Tod hinaus. Es ist böse und verantwortungslos zu sagen: »Nach mir die Sintflut.« Aber das Überleben darf nicht das erste und das einzige Ziel des Lebens sein. Jede Diktatur ist der Versuch einer Sinngebung des Individuums durch das Kollektiv, durch den Staat oder eben durch den Diktator. Ökodiktatur wäre ein schlechter Darwinismus. Denn der Motor des Lebens ist zwar der Wille zum Überleben, aber der Sinn des Lebens kann nicht im Überleben liegen. Wenigstens zwei Überlegungen sprechen dagegen:

a) Es gibt kein Überleben in der Natur, weder individuell noch kollektiv, deshalb darf ein solches Ziel nicht als Hauptziel ausgegeben werden, weder individuell noch kollektiv. Der Spruch der Diktatoren darf nicht gelten: »Die Klasse, die Rasse, die Masse, die Natur ist alles! Du bist nichts!«

b) Da das Überleben sehr wohl ein Ziel sein kann, nämlich für einige Zeit oder für eine längere Zeit, muss es in die Freiheit des Einzelnen gestellt werden, der sich selbst die Last der Einschränkung auferlegt, nach dem bekannten Satz: Die Gesellschaft lebt von Voraussetzungen, die sie selbst nicht bereit stellen kann. Diese Voraussetzungen liegen im Inneren des einzelnen Menschen, an das keine staatliche Gewalt heranreicht, es ist die persönliche Freiheit.

Das Fazit: Die Menschen der Zukunft werden mehr oder weniger schnell in allen Formen der Gesellschaft vor der Frage stehen: Lassen wir uns die Einschränkungen des Lebens von außen in diktatorischem Zwang auferlegen, oder nehmen wir die Einschränkungen der endlichen Natur als freiwilliges Opfer an?

2.2 Hier sollten wir nun Stütze und Anregung suchen bei den ökologischen Thesen von Weizsäckers. Die bloße Wahl von Zwang oder Freiwilligkeit ist eine Sackgasse und würde, wenn es bei der Wahl bliebe, jeden Weg unpassierbar machen. Der Verzicht ist von Natur aus unmöglich, aber die Endlichkeit der Natur erzwingt den Verzicht. Um Erfahrung auf diesem Gebiete zu sammeln, hat von Weizsäcker frühere Gesellschaften in verschiedenen Kulturen untersucht. Die Methode hat meine Zustimmung. Die Erfahrung über den Menschen gewinnen wir am besten am Menschen selbst, auch wenn jede Übertragung von Gestern auf Heute prüfend angeschaut werden muss.

Eine andere Methode wäre die Idee eines zeitlosen Utopia, also die Vorstellung eines idealen und vollkommenen Staates, in dem der Mensch am Reißbrett entworfen wird. Aber wir haben in der Neuzeit zu viele phantastische Erfahrungen mit utopischen Gesellschaften gemacht, die in der Vergewaltigung und gar der Vergasung vieler realer Menschen geendet sind. Sie versprachen das Ideal über die Realität hinaus, die Unendlichkeit des einschränkungslosen Lebens, sie endeten allesamt im Gegenteil, im Tod. Wer den Menschen als endliches Lebewesen sieht, wie ich ihn bevorzugt ansehe, der geht nicht so gern den Weg der Utopie, der bevorzugt vielmehr den Weg der Erfahrung.

Die Ordnung des praktischen Lebens in früheren Zeiten stellt von Weizsäcker unter den Titel »Ethik des Herrschens und Dienens«. Jede vormoderne Gesellschaft war nach ähnlichem Muster aufgebaut. Die überwältigende Zahl ihrer Mitglieder lebte in tiefer Armut, nur knapp über dem Lebensminimum, oft unter dem Minimum. Ihr gegenüber stand die sehr kleine Gruppe von Herrschenden, die über mehr Mittel verfügte, zum Teil für ihre Aufgabe bestimmt, zum Großteil aber, um sich das Leben angenehm zu machen. Manchmal sogar waren sie mit sehr großen Reichtümern ausgestattet, die in keinem Verhältnis mehr zu ihrem Auftrag standen. Die Hängenden Gärten der Semiramis in Babylon werden kaum zur Regierung des Zweistromlandes notwendig gewesen sein.

Und der sagenhafte Reichtum Salomos diente wohl nur wenig der Verwaltung des kleinen Landes Israel.

Zwischen Arm und Reich stand eine dritte Gruppe, die man weder arm noch reich nennen kann, weder mächtig noch ohnmächtig. Nennen wir sie einfach die Mönche oder die Nonnen, oder noch einfacher die Klöster mit dem Grundprinzip der Evangelischen Räte. Alle Mitglieder aller drei Gruppen lebten mit Einschränkungen, diejenigen in den beiden ersten Gruppen aus einem Zwang oder einer Notwendigkeit heraus, die dritte Gruppe wählte die Einschränkung freiwillig. Mit dem Wissen von den fließenden Grenzen des Lebens können wir diese drei Begriffe von Weizsäckers für vernünftig halten. Wie groß diese dritte Gruppe war, ob sie unter Ideologiekritik weiter bestehen kann, muss uns zunächst nicht interessieren. Es gab diese Gruppe in der Realität, und in der Idealität vor allem war sie eine anerkannte Gestalt, und das war ihre wichtigste Funktion: Die freiwillig Verzichtenden ermöglichten den unfreiwillig Verzichtenden das seelische Überleben.

Die Einschränkung heißt bei der großen Masse der abhängigen Menschen während vieler Jahrhunderte und Jahrtausende einfach Bescheidenheit. Wer heute angesichts der endlichen Natur eine Einschränkung des Lebensstils fordert, der stellt keine neuen Forderungen auf. »Wenn ihr in eine Stadt kommt und man euch aufnimmt, so esst, was man euch vorsetzt.« Das verlautet in den apostolischen Regeln Jesu.[5] Bescheidenheit ist die Tugend des kleinen Mannes. Den Vorwurf der Unterdrückung kann man sich hier verbitten. Früher hatten die kleinen Leute in den einfachen Gesellschaftsschichten auch ihren Stolz, sie hatten sich ihre Lebensqualität durch strenge Regeln erworben, das heißt vor allem durch Sparsamkeit. Sparsam waren die Bauern und die kleinen Handwerker, wenn sie etwas auf sich hielten. Sparsam waren auch die in der industriellen Revolution geschaffenen Arbeiter, aus Zwang wie aus Selbstachtung. Oder vielleicht besser gesagt: Wer den Zwang des eingeschränkten Lebens freiwillig auf sich nahm, der fand in sich selbst die Achtung, die ihm dann auch von außen zuteil wurde. Dieses Ethos der Bescheidenheit prägte etwa die Anfänge der Sozialdemokratie. In wirtschaftlich und sozial stabilen Zeiten konnte eine untere Gesellschaftsschicht mit dem Leitbild der Bescheidenheit die Selbstachtung bewahren. Wenn ein Familienvater, der einen VW-Käfer fuhr, einen Mercedes erblickte, sagte er zu seinem Sohn: »So etwas brauchen wir nicht, das passt nicht zu uns.«

Das Maß der Freiheit in diesem Leitbild war nur gering. Darum schmolz die Tugend des kleinen Mannes so schnell dahin wie der Schnee in der Frühlingssonne, als das Wirtschaftswunder begann. In der neuen Ökonomie, ermöglicht durch Wissenschaft, Technik und eine Liberalität, die unerhört neu für die Menschheit war, warf der kleine Mann seine Ideale schnell über Bord. Denn er hatte sie ohne Freiheit und Einsicht gewählt, das heißt, er hatte sie gerade nicht gewählt. Die Tugend der Bescheidenheit ging innerhalb einer Generation in einem massenhaften Zweit- oder Dritturlaub unter. Das seit Jahren wachsende Übergewicht weiter Bevölkerungskreise gehört wohl auch dazu. Die Enkel des kleinen Mannes sind heute viel fettleibiger als ihre Großeltern. Zucht bringt Reichtum, und Reichtum zerstört Zucht. In seiner Art hat auch der kleine Mann diese alte Erfahrung machen müssen und die eigene Zucht zerstört. Weizsäcker erkennt hier ein heftig wirksames anthropologisches Gesetz: Bescheidenheit, die auf unerreichbare Güter verzichtet, ist eine andere Haltung als Selbstbeherrschung, die auf erreichbare Güter verzichtet, oder gar Askese, die im Prinzip auf alle Güter verzichtet. Bewusste »kulturelle Disziplin ist etwas ganz anderes als anständige Armut«. Das zeigt die Erfahrung, die Utopie hätte es niemals zeigen können.

Auch der Adel früherer Zeiten musste sich einschränken. In diesem Falle gegenüber den Gütern, die für ihn erreichbar waren. Der Mann und auch die Frau des Adels mussten körperlich und geistig frisch bleiben, um die Überlegenheit zu wahren. Sonst wären sie ihrem adligen Nachbarn bald zum Opfer gefallen. Das heißt, der Baron, der Fürst, der König, konnte seinen Trieben und seiner Trägheit keinen grenzenlosen Lauf lassen, wenn er überleben wollte. Diese Einschränkung nennt von Weizsäcker Selbstbeherrschung oder Training.

Der Adel war im Anfang ein Kriegerstand. Der Soldat, wie in unseren Tagen der Sportler, konnte seine Überlegenheit nur durch beständiges Training aufrecht halten. Training heißt auf Griechisch einfach Askese. Der Apostel Paulus nennt den kulturellen Zusammenhang: »Jeder Wettkämpfer lebt aber völlig enthaltsam; jene tun dies, um einen vergänglichen, wir aber, um einen unvergänglichen Siegeskranz zu gewinnen.«[6]

Die Adligen waren wohl die ersten Menschen, welche die Bedeutung der Askese entdeckten. Der Körper und die Triebe des Menschen kennen wegen ihrer evolutiven Herkunft nur ein Leben in knappen Gütern. Der Adel war die erste bekannte Gruppe, die der Knappheit entronnen war. Doch den Damen und Herren dieser Schicht konnte nicht verborgen bleiben, wie sehr das Wohlleben die angeborene Vernunft der Affekte verwüstet. Der Reichtum gestattet es, die Antriebe der Trägheit, des Hungers und des Geschlechtes weit über ihre sinnvolle Aufgabe hinaus zu befriedigen. Ein Trieb, der die Erhaltung des Ich bewirken soll, ist von sich selbst, das heißt von seiner Natur her, grenzenlos. In der Natur sorgt die Knappheit der Güter für die notwendige Grenze. Eine adlige Führungsschicht, die alle Formen der Trieberfüllung auslebt, war zum schnellen Untergang verurteilt. Diesen Zusammenhang musste der Adel erkennen, um zu überleben. Das heißt, wer ihn nicht erkannt hat, ist schon lange ausgestorben. Der Adel durfte nicht nach individuellem Glücke leben, wenn er fortbestehen wollte, er musste wahrheitsorientiert leben.

Die Beherrschung des Körpers durch andauerndes Training ist nur ein Beispiel von vielen aus dem Bereich der Selbstbeherrschung. Materielle Güter besitzt der Adel als ein von langer Hand anvertrautes Erbe, das über die Eltern auf die Kinder weiter gereicht wird. Der Offizier als Waffenträger, will er nicht die eigene Gesellschaft zerstören, muss als wichtigste Qualität die Selbstbeherrschung haben; er darf dem Tötungstrieb nur unter strengen Bedingungen, im Kriege, nachgeben. Das ist der Anfang der adligen Ritterlichkeit. Und die Ehemoral hat die Reinheit des Blutes zu bewahren; das erklärt fast alle Formen erotischer Beschränkung und Freizügigkeit im Adel, vor allem die ungleiche Moral für Mann und Frau. Diese eheliche Adelsdisziplin übernahm später das höhere Bürgertum, klassisch formuliert in den ›Buddenbrooks‹, als der Vater seiner Tochter Tony die Heiratsnorm in einem Brief diktiert: ›Du müsstest nicht meine Tochter sein, nicht die Enkelin Deines in Gott ruhenden Großvaters und überhaupt nicht ein würdiges Glied unserer Familie, wenn Du ernstlich im Sinn hättest, Du allein, mit Trotz und Flattersinn Deine eigenen, unordentlichen Pfade zu gehen. Dies, meine liebe Antonie, bitte ich Dich, in Deinem Herzen zu bewegen.‹[7]

Diese Ethik des Dienens und Herrschens hätte nicht Jahrhunderte und mehr überstanden, wenn es nur die Diener und nur die Herren gegeben hätte. Die Konkurrenz musste sich immer wieder in Kämpfen um die Herrschaft entladen, weil immer ja die Herrscher früher einmal die Diener gewesen waren, die sich über ihre Herren gesetzt hatten. Im frühen Mittelalter waren die Karolinger lange Zeit die Hausmeier der Merowinger gewesen, bis sie dann ihre Herren wurden. Oder der Spartakus-Aufstand im Altertum, die Katharer-Bewegung im Mittelalter und die sozialistischen Aufstände in der Neuzeit, damit nenne ich drei typische Kämpfe: Sie wollten immer das Verhältnis von Diener und Herren umkehren. Das ›Kommunistische Manifest‹ von 1848 hat mit seinem Blick in die Geschichte so unrecht nicht gehabt, wenn es im ersten Kapitel mit dem ersten Satz anhebt: »Die Geschichte aller bisherigen Gesellschaft ist die Geschichte von Klassenkämpfen. Freier und Sklave, Patrizier und Plebejer, Baron und Leibeigner, Zunftbürger und Gesell, kurz, Unterdrücker und Unterdrückte standen in stetem Gegensatz zueinander, führten einen ununterbrochenen, bald versteckten, bald offenen Kampf, einen Kampf, der jedes Mal mit einer revolutionären Umgestaltung der ganzen Gesellschaft endete, oder mit dem gemeinsamen Untergang der kämpfenden Klassen.«

Zwar konnten in diesen Kämpfen manchmal die Diener die Herren überwinden, aber die Herrschaft selbst überwanden sie nicht. Also gab es im Endergebnis keine Abschaffung der Herrschaft, sondern immer nur neue Herren und neue Diener, wenn die Revolution denn mit ihrer Umwälzung erfolgreich war.

Die Überwindung, die zur Versöhnung und zur wirklich klassenlosen Gesellschaft führt, müsste von einer anderen Ebene ausgehen. Diese Ebene war und ist immer vorhanden, wenn auch nur in Spuren. Wer dagegen mit der Konkurrenz anfängt, wird mit der Konkurrenz enden. Oder besser gesagt: »Wer das Schwert ergreift, wird durch das Schwert umkommen.« Neben den Leitbildern der Bescheidenheit bei den Dienenden und dem Leitbild der Selbstbeherrschung bei den Herrschenden gibt es in wohl allen fortgeschrittenen Kulturen das Leitbild echter Askese. Erst im Entsagen des Lebenskampfes wird die neue Ebene betreten, in der nicht die Konkurrenz als oberstes Leitbild herrscht. Diese Entsagung versteht sich religiös, oder sagen wir besser gläubig, denn Religion wie Nicht-Religion kann eine scharfe Waffe sein im Kampf um das Dasein. Medizinmann und Priester, Einsiedler und Mönch, der Fromme einer Sekte, jeder, der in sich eine religiöse Reinigung sucht, braucht Übung, also Askese. Er braucht insbesondere die Beherrschung der leiblichen Bedürfnisse, ihre Zügelung in Fasten und geschlechtlicher Enthaltung. Er braucht auch die Zügelung der gesellschaftlichen Bedürfnisse durch freiwillige

Ökonomie und Ökologie

Armut und durch Machtverzicht. Der Verzicht nimmt Gestalt an in den religiösen Orden wie im Militär in der Form des freiwilligen Gehorsams. Einheitlich in der Grundgestalt, findet sich diese Erfahrung mit zahllosen kulturellen und persönlichen Schattierungen in allen bekannten Zivilisationen. Unserer konsumtiven Zivilisation blieb es vorbehalten, die Erfahrung zu vergessen. Dieses Signal hat den Freiherrn von Weizsäcker geweckt.

Zwischen Herren und Dienern also, oder über ihnen, oder auch unter ihnen, entsteht eine dritte Gruppe, die auf das Ausleben der Triebe verzichtet, so weit das möglich ist. Aber nicht, weil sie die Mittel nicht hätten, wie die große Masse sie früher nicht hatte, auch nicht, weil sie die Macht und Überlegenheit wahren wollten, und sie deshalb im Training bleiben müssen, sondern aus einem dritten Grund. Und das findet von Weizsäcker geheimnisvoll und interessant, diese freiwillige Einschränkung nennt er die eigentliche Askese. Der Schlossherr von Stechlin, ebenfalls adlig, liberal und hellsichtig, war schlichtweg erstaunt. »Warum man überhaupt so was kann, wie sich opfern, das ist das Große.« Nämlich um eines Zieles willen, von dem man nicht weiß, wo es eigentlich liegt: Bei mir, beim anderen oder gar bei Gott? Auf der Erde oder im Himmel? Im Diesseits oder im Jenseits? Ist es ein Ziel in der Zeit oder in der Ewigkeit? Oder noch besser gefragt: Ist es schon da, oder liegt es in der Zukunft?

Wie kann ein Mensch auf die Idee kommen, im Kampf ums Dasein diesen Kampf einzustellen? Oder nur noch um die zweite Hälfte des Mors-vita-Spruches zu kämpfen?

Der Ort, wo das geschieht, kann nur der einzelne Mensch sein, der in seiner Freiheit, die endlich ist, den Weg zur Sicherung seines Ich gefunden hat und deshalb auf die Sicherung des Ich verzichten kann. Niemals ist dieser Ort die Gesellschaft, der Staat oder die Klasse, auch nicht eine Gemeinschaft wie die Kirche. Ist das nicht allzu paradox? Kann der Verzicht auf

Ökonomie und Ökologie

sich selbst wirklich die Sicherung des eigenen Ich bedeuten? Ist der Verzicht auf die Sicherung nicht die Bloßstellung des Ich und damit seine grenzenlose Gefährdung? Immerhin könnte ich mit einem großen Jesus-Wort aus der Bergpredigt antworten: »Wenn dich einer auf die rechte Wange schlägt, dann halt ihm auch die andere hin. Und wenn dich einer vor Gericht bringen will, um dir das Hemd wegzunehmen, dann lass ihm auch den Mantel.« Oder eine zweite Möglichkeit wäre zu antworten: Wer den Weg zur Sicherung des Ich in Gott gefunden hat, der kann auf die Sicherung des Ich in der darwinischen Welt verzichten. Aber beide Antworten finde ich zu bequem, sie berichten vom Kern der Erfahrung, aber sie legen ihn noch nicht offen.

Ich will deshalb eine andere Antwort, eine mehr persönliche Antwort geben, wie man auf die Sicherung des Ich verzichten kann, wenn das Ich sein Lebensziel erreicht hat und damit gesichert ist. Auf dem Weg zum geistlichen Leben und zum Priestertum habe ich ein Jahr lang in Regensburg studiert, allerdings nicht die Theologie, sondern ausschließlich die Mathematik. In diesem Jahr 1970/71 habe ich deshalb nicht den Theologie-Professor Joseph Ratzinger besucht, sondern am Sonntag seinen Bruder Georg, wenn er im Hochamt die Domspatzen geleitet hat. Vielleicht wäre es für die Karriere in der Kirche besser gewesen, den Professor besucht zu haben, aber für die Karriere vor Gott war der Besuch des Hochamtes am Sonntagmorgen mit dem Chorleiter Georg Ratzinger wichtiger. Denn da habe ich erlebt, wie der Mensch seine Sicherung in der Welt aufgeben kann, wenn die Sicherung ganz in Gott und damit auch ganz in der Welt gelungen ist. Die Schönheit der Musik wirkte auf mich wie eine letzte Erfüllung, wie ein ästhetisches ›Das Reich Gottes ist nahe‹. Damit war das Ziel des Lebens mitten im Leben, ja, am Anfang des Lebens erreicht, ein weiteres Kämpfen war nicht notwendig, jedenfalls nicht für das eigene Leben. Ich konnte aus dem darwinischen Leben aussteigen und mit dem geistlichen Leben beginnen.

Alle Angst und Sorge geht von diesem Ich aus, das sich nachträglich erst zu kollektiver Sorge oder Sorglosigkeit erweitern kann. Entsprechend wird diese Sicherung auch nicht in der Natur oder in der Gesellschaft gefunden, da gibt es diese Sicherheit nicht. Eine alte spirituelle Erfahrung besagt: Einen Verzicht kann nur der leisten, der erfüllt ist. Ich führe immer das Beispiel des hl. Augustinus an. Er konnte auf Ruhm und Lust erst verzichten, als er die Berührung mit der ewigen Weisheit erfahren hatte. Erst als er auf sich verzichtet hatte, war er seiner selbst sicher. In Cassiciacum und in Ostia hatte er das Glück vollkommen erfahren, deshalb konnte er auf weiteres Glück, das heißt auf weiteren Kampf ums Dasein verzichten, obwohl sein Leben auf der Erde noch 43 Jahre weiter lief. In der Vision von Ostia, einige Monate nach seiner Bekehrung, hat er die Versöhnung mit Gott, mit sich und mit der Welt in der Gestalt der Mutter gefunden. Deshalb hatte er den Wunsch verspürt, ohne Namen in der Welt in seiner kleinen Heimatstadt Thagaste zu leben. Wir sollten ihm die Echtheit des Wunsches nicht absprechen, auch wenn aus dem Verzicht auf Ruhm schließlich Weltruhm geworden ist.

Das Problem, das von Weizsäcker nun hat, ist dieses: Wie können wir die Erfahrung der Askese, die unentbehrlich zu sein scheint und mit der die feudalen Gesellschaften lange Zeit stabil bleiben konnten, von der feudalen auf die demokratische Gesellschaft übertragen? Wie kommen wir von der alten Ethik des Herrschens und Dienens zur Ethik von Freiheit und Gleichheit? Hier stößt Weizsäcker zusätzlich auf ein intellektuelles Problem. Das geschichtliche Verständnis der Ethiken fällt den soziologisch geschulten modernen Intellektuellen, die Lehrstühle und Medien bestimmen, schwer. Diese Schwierigkeit ist erklärbar. Die Intellektuellen von heute haben sich in ihrer Mehrzahl der Ethik der Freiheit und Gleichheit verschrieben. Sie sehen in jeder Herrschaft ein Übel an sich selbst, das der Vergangenheit angehören muss; und die alte Ethik des Herrschens und Dienens betrachten sie als eine böse Ideologie zur Durchsetzung von bloßen Interessen des Adels. Eine solche Sicht erschwert den Übergang von der Ethik des Herrschens und Dienens zur Ethik der Freiheit und Gleichheit. Dieser Übergang aber verwandelt, ebenso langsam wie schmerzhaft, alle auf konkrete Situationen bezogenen ethischen Begriffe und Verhaltensweisen. Entscheidend ist die Erfahrung: Güter, die früher nur den Herrschenden zugänglich waren, sind jetzt großen gesellschaftlichen Gruppen zugänglich geworden. Damit steht die ganze Gesellschaft vor ethischen Problemen, die es früher nur für die ganz kleine Schar der oberen Zehntausend gab. In deutlichen Worten: Der Wohlstand bedroht heute nicht nur eine winzige Elite, sondern breite Massen.

Die Frage ist allerdings, ob die neue Forderung nach Bescheidenheit im demokratischen Rahmen die seelischen Triebkräfte richtig einschätzt, gegen die sie sich wendet. Der nicht bekehrte Mensch kann sich in dieser Weise nicht einschränken, und die Bekehrung kann man vernünftigerweise nicht herstellen. Deshalb der ethisch so unbestimmte Status der Evangelischen Räte: Sie können keine Pflicht für das Leben aller sein, noch können sie für das Leben aller gleichgültig sein. Sie sind ein Versuch, die tragischen Brisanten Interessen, die so leicht außer Kontrolle geraten, in Schach zu halten durch eine wunderliche Konstruktion, durch eine individuell zufällige Wahl der Lebensform, die doch gesellschaftlich dringend notwendig ist.

2.3 Diese Logik ist neu und gewöhnungsbedürftig. Zur Einübung in ihren Status, in das Notwendige, das nicht notwendig gefordert werden darf, stelle ich die Frage: Wofür ist die Religion eigentlich gut? Für das Diesseits oder für das Jenseits? Welche Rolle soll sie in der Ökologie spielen? Wir müssen

Ökonomie und Ökologie

auch die Frage stellen: Darf man die Religion als einen Motor für die Evangelischen Räte ansehen, und diese wiederum als Heilmittel für die ökologische Krise, für die immerwährende und nicht nur gegenwärtige Krise? Wird die Religion dabei nicht nach ihrem Nutzen für das Diesseits, also für den Kampf ums Leben auf der Erde benutzt? Wer Nutzen ziehen will aus der Religion, verfällt der nicht der schlechten Religion?

Die Situation wird sogar noch komplizierter. Ich stelle zwei Definitionen der Religion gegenüber. Zunächst einmal schaut der Philosoph von außen auf das religiöse Leben und sagt: »Religion als Träger einer Kultur formt das soziale Leben, gliedert die Zeiten, bestimmt oder rechtfertigt die Moral, interpretiert die Ängste, gestaltet die Freuden, tröstet die Hilflosen, deutet die Welt.«[8] Das ist richtig gesehen, solche Dinge tut die Religion, ja, man müsste sagen, das tun alle Religionen. Wir können hinzufügen und zusammenfassen: Die Religion macht die Endlichkeit des Lebens erträglicher, stärkt also ihre Anhänger im Kampf ums Überleben.

Aber es gibt auch eine andere Sicht. Die klassische Frage des Katechismus und seine Antwort, also die Innensicht der Religion, sieht ganz anders aus: Die Frage lautet: »Wozu sind wir auf Erden?« Und die knappe Antwort: »Wir sind auf Erden, um Gott zu erkennen, ihn zu lieben und ihm zu dienen und dadurch in den Himmel zu kommen.«[9]

Im ersten Falle dient die Religion dazu, besser und länger auf der Erde zu leben, im zweiten Falle, um überhaupt am Leben zu bleiben oder, wie man sagt, in den Himmel zu kommen. Also stellt sich die Frage: Verbessert die Religion die Identität im endlichen Sein, oder verbessert sie die Identität im unendlichen Sein? Im endlichen Leben kann die Religion als Lebenshilfe dienen, Kontingenzbewältigung sagen manche Philosophen, sie stärkt damit das endliche Leben in seinem Kampf ums Überleben. Und zum unendlichen Leben kann die Religion führen, wenn ich ihre Gebote erfülle und damit ein

Anrecht auf den Himmel erhalte. Gleichgültig, welche Antwort man geben mag, wir haben es in beiden Fällen, wenn wir den Mors-vita-Spruch Jesu zugrunde legen, nicht mit einer guten Religion zu tun. Denn die Identität einfach erhalten zu wollen, sollten wir immer als eine schlechte Religion ansehen.

Diese Frage oder besser gesagt der Streit, wozu die Religion gut sei, zieht sich bis in die Gegenwart hinein, und sie erzeugt nicht nur stilles Nachdenken, sie bringt oftmals böses Blut hervor. Weil es um letzte Fragen geht, hat die Rabies theologorum, die Tollwut der Theologen, hier ihr Zuhause. Die konservative und rechte Fraktion wird den Himmel als das Ziel der Religion bevorzugen, die linke und liberale Fraktion die Erde. Die eine Seite ruft: Wer nicht zuerst die Ehre Gottes sucht, ist verloren; die andere Seite hält dagegen: Eine Religion, die nur fordert, aber nicht tröstet und nützlich ist, ist wertlos.

Die Antwort, die wir hier geben können, muss natürlich in der Mitte liegen. Nur sollte sie dort nicht begraben sein, sondern sich mit Klarheit darbieten. Das Schlüsselwort, das die Tür aufschließen könnte, lautet nach dem zweiten Teil des Jesus-Wortes: Nichtfesthalten der Identität und des Lebens erst führt zum wahren Leben! Wenn wir uns Gott vorstellen als den, der ist, der aus sich selber existiert und der aus sich selber bleiben wird, dann haben wir nur auf eine sekundäre Eigenschaft seiner Wirklichkeit geschaut. Wir sind neidisch auf seine Identität. Eine solche Identität bringt zur Not auch die Natur zustande. Auch sie könnte ewig sein, auch sie könnte aus sich selber stammen und immer sie selber bleiben. So hatte es jedenfalls die Neuzeit gemeint und die Natur gegen Gott im Kampf um die Identität in Stellung gebracht. Aber dieser neuzeitliche Atheismus war zugleich ein Gottesglaube, und der Gottesglaube war ein Atheismus, solange die eine wie die andere Seite nur auf der Suche nach der Identität war. Leider besitzt die Natur die Identität des Selbstseins nicht und des-

Ökonomie und Ökologie

halb, so ist zu vermuten, besitzt auch Gott sie nicht. Oder sollen wir den Verlust als Glück preisen? Hier machen wir eine den Atem raubende Erkenntnis: Während wir Abstriche an der Identität in der Natur wegen Zufall und Notwendigkeit machen müssen, können wir bei Gott, wegen der erkannten Freiheit, Zugaben über die Identität hinaus machen.

Dies können wir jetzt sagen: Die letzte Wirklichkeit ist nicht nur Identität. Identität ist eine sekundäre Eigenschaft sowohl des Menschen wie Gottes; die letzte oder auch die erste Wirklichkeit ist Freiheit, die in der Liebe tätig wird. Wir kennen uns Menschen nur als Wesen, die aus der Hingabe anderer Menschen hervorgegangen sind. Das ist die Erfahrung, mag diese Hingabe nun freiwillig geschehen sein oder nicht. Identität kommt aus der Nicht-Identität, sie ist sekundär, zumal die Identität in der Natur auch wieder zur Nicht-Identität führen wird. Das gilt für die belebte wie für die unbelebte Natur. Meine Geburt in der Natur ist der Ort, wo meine Nicht-Identität zur Identität wird, und in meinem Tode dreht sich dieses Verhältnis um. Im Menschen kommt die Möglichkeit der Freiheit, einer kleinen, eingeschränkten endlichen Freiheit zu sich selbst. In Liebe bejaht der Mensch den anderen oder bringt ihn sogar hervor, entweder durch den Willen in der Nächstenliebe oder als Werkzeug in Zeugung und Geburt.

Damit aber ist der Gegensatz von Himmel und Erde aufgehoben. Und die Definition des Philosophen und diejenige des Katechismus über den Sinn der Religion nähern sich an, sie zeigen beide nicht nur die schlechte Seite der Religion, sie zeigen auch ihre gute Seite an. Der Kernsatz lautet: Ich kann auf das Leben verzichten, weil es nicht mehr gefährdet ist, da es, wie ich erkannt habe, nicht nur aus der Natur, sondern ursprünglicher aus Gott stammt. Dadurch wird die göttlichste Eigenschaft, die Liebe zum anderen, freigesetzt, die der Mensch jetzt verwirklichen kann. Wer also die Ehre Gottes anstrebt, kann natürlich nur die Werke Gottes tun: Er hilft, das soziale Leben zu formen, die Zeiten zu gliedern, er stärkt die Moral, gestaltet die Freuden, tröstet die Hilflosen und deutet die Welt.

Und in der umgekehrten Richtung? Wer eben die Hilflosen tröstet und so weiter, wer die Kranken pflegt, die Gefangenen besucht und die Traurigen tröstet, der sucht eben dadurch auch die Ehre Gottes, da Gottes Ehre das Leben seiner Schöpfung und seiner Geschöpfe ist.

Die ökologische Krise ist eine Krise des Selbstseinwollens, eine Krise des Menschen im Kampf ums Leben, da er sich seine Identität selbst geben wollte. Eigentlich beginnt die ökologische Krise mit dem Auftreten des Menschen, weil der intelligente Erdenbewohner als erstes Lebewesen seinen Tod voraussieht, wogegen er dann Mittel in der Natur sucht, um sein Leben zu verlängern. Die Ausbeutung der Natur beginnt, und sie hat von Natur aus keine Grenze. Deshalb kann der Schutz der Umwelt als Bewahrung der Schöpfung ein religiöses Ereignis sein, wenn ich dabei weniger an meine Selbsterhaltung denke, sondern mehr an die meiner Brüder und Schwestern in künftigen Generationen. Auch wenn ich mir in meinen Motiven nicht ganz sicher bin, da jeder Akt der Nächstenliebe auch Eigenliebe enthalten kann, genügt nur die Achtung des Anderen den Ansprüchen der Vernunft. Egoismus ist einfach unvernünftig, weil ich mein Leben nicht erhalten kann.

Gibt es eine Ethik der Einschränkung nur auf religiöser Ebene? Ja, und ich meine, nur mit der guten Religion, die im Kern auf die Identität in der Natur verzichtet, oder besser gesagt, sich diese Identität schenken lässt, da sie von Natur aus unerreichbar ist. Die schlechte Religion, das ist die bloß mythische, die bloß tröstende Religion, die bei der Bewältigung der Kontingenz hilft, weil mir selbst geholfen werden soll. Sie, scheint mir, hilft gerade nicht bei der Bewältigung der großen Probleme der fortgeschrittenen Gesellschaft.

3. Die Ratschläge der Schrift

These III: Die Evangelischen Räte finden sich schon im Alten Testament. Doch erst im Neuen werden sie klar: Sie sind ein notwendiges Opfer des Lebens, das dennoch nicht notwendig gefordert werden kann.

3.1 Auch bei dieser These beginne ich wieder mit einer literarischen Vorlage. Sie umspielt die Denkfigur der nicht-notwendigen Notwendigkeit. Im dritten Teil des großen Vierteilers *Joseph und seine Brüder* von Thomas Mann heißt es in einem Gespräch im Baumgarten zwischen dem jungen Joseph und seinem Herrn Potiphar:

›Jugend und Schönheit‹, versetzte Joseph, ›mögen auch wohl einen strengeren Schmuck bedeuten als den, womit jener Garten die Menschenkinder kränzt. Dein Sklave, Herr, weiß ein Immergrün, das ein Gleichnis der Jugend und Schönheit ist und ein Opferschmuck auch zugleich. Wer es trägt, der ist aufgespart, und wen es schmückt, der ist vorbehalten.‹
›Du sprichst von der Myrte?‹
›Von ihr. Die Meinen und ich, wir nennen sie wohl das Kräutlein Rührmichnichtan.‹
›Trägst du dies Kräutlein?‹
›Mein Same und Geschlecht, wir tragen es. Unser Gott hat sich verlobt und ist uns ein Blutsbräutigam voller Eifer, denn er ist einsam und brennt auf Treue. Wir aber sind wie eine Braut seiner Treue, geweiht und aufgespart.‹

›Wie, ihr alle?‹
›Grundsätzlich alle, mein Herr. Aber unter den Häuptern und Gottesfreunden unseres Geschlechts pflegt Gott sich einen auszuersehen, der ihm verlobt sei noch besonders im Schmucke geweihter Jugend. Dem Vater wird's zugemutet, den Sohn darzubringen als Ganzopfer. Kann er's, so tut er's. Kann er's nicht, so wird's ihm getan.‹

Ein glänzendes Stück von einem glänzenden Autor! Auch er ein religiöser Schriftsteller, der von außen in das Innere blickt, ohne doch das Innere zu betreten. Ist es die Machart, oder ist es der Stoff, womit der Autor hier brilliert? Oder noch ein Drittes? Man möchte ihm gleich zustimmen und zurufen: Das ist der biblische Geist, das ist die Erwählung durch den eifernden Gott, von dem wir gehört und gelesen haben. So deutlich allerdings hat es uns bis heute niemand gesagt: Alle sind erwählt, die erwählt sind! Alle sind gefordert, nach ihrer Erwählung zu leben. Doch die Erwählung ist unnatürlich, sie ist übernatürlich, sie ist unmöglich, je nachdem. Sie ist zu hoch, zu gefährlich, zu kostspielig, auch wenn sie an sich vernünftig klingt, da das Leben den darwinischen Widerspruch in sich trägt.»Kann er's, so tut er's. Kann er's nicht, so wird's ihm getan.« Das ist der literarische Ausdruck für die nicht-notwendige Notwendigkeit angesichts des Widerspruchs, da das Leben leben will und auf den Tod zugeht!

Es sollen einige wenige Glieder des Volkes aufgespart sein, also stellvertretend für die Brüder und Schwestern ihr Leben aufgeben? Ist das der biblische Geist des Alten Testamentes, manchmal auch das Erste Testament genannt? Es spricht einiges dafür, vieles auf den ersten Blick aber gegen die Aufsparung und die Stellvertretung.

Irgendwann hat der Eifer für Gott angefangen, vielleicht mit Abraham, vielleicht schon mit Noah und seinem Schwimmkasten; wenig verschlägt es, ob der Anfang mit diesen Namen historisch oder biblisch richtig bezeichnet ist. Der Eifer für das rechte Leben ist jedenfalls seit langer Zeit in der Welt. Später hat Mose dem Eifer eine gesetzmäßige Gestalt verliehen; und die Propheten von Amos an, vielleicht sollten wir schon Elija ein Jahrhundert früher nennen, haben die Gesetze und noch mehr den Eifer für Gott wieder und wieder eingeklagt. Sie haben auch in reichem Maße in der Unzucht die Untreue gegen Gott gesehen, ein Punkt, der allerdings nicht leicht zu verstehen ist. Denn ihre großen Könige David und Salomo hatten unzählige Frauen, und doch waren sie als die heroischen von Gott erwählten Gestalten immer anerkannt. Und wenn das erste Buch der Könige klagt, Salomo habe nicht mehr ungeteilt den Herrn, den Gott Israels als einzigen Gott verehrt, er verehre wegen seiner vielen Frauen auch deren Götter[1], so hat das mit Lust und Unzucht wenig zu tun. Zu Anfang jedenfalls scheint, anders als Joseph dem Potiphar erzählen will, in Israel die Treue zum Herrn mit der geschlechtlichen Kraft wenig zu tun zu haben.

Auserwählung durch Jahwe, deren Antwort die Aufgespartheit wäre, ist fast gar nicht vorhanden. Oder es ist nicht ganz leicht, dafür Belege in der Schrift des alten Bundes zu finden. Wo sollen wir suchen? In den Geschichtsbüchern? In den Weisheitsschriften? Bei den Propheten? Enthaltsamkeit, die sich aufspart und vorbehält, mag in zwei Gestalten aufgetreten sein: einmal als Ablehnung des Fruchtbarkeitskultes, der im Namen des Baal gefeiert wurde, des Ackerstiers, gegen den zum Beispiel der Prophet Elija gekämpft hat. Freiheit und Klarheit des Geistes stehen gegen den Rausch und die Verlorenheit des Ich im Triebe. Die zweite Gestalt ist die zeitweilige Enthaltsamkeit vor großen Ereignissen, wie vor der Verkündung der Zehn Gebote und bei seiner kultischen Wiederholung an hohen Festtagen. Können wir nicht auch das bekannte sechste Gebot dieser Mosaischen Gesetzestafeln als ein Beispiel nehmen? Eher nicht, denn es scheint einen anderen

Die Ratschläge der Schrift

Inhalt zu haben. Es lautet: Du sollst nicht die Ehe brechen! Doch die spätere Auffassung, nach der alle geschlechtliche Tätigkeit nur in der Ehe und in der Zeugung neuen Lebens seinen Sinn haben darf, ist wohl nicht das Hauptziel dieses Gebotes im Alten Bund gewesen. Die Bibelausleger sagen in ziemlicher Einmütigkeit und wohl zurecht: Hier ist die Ehe als Besitztitel gemeint, das Ehebruchsverbot meint also nicht viel anderes als ein Diebstahlsverbot. Der Mann sagt: Die Frau ist mein Besitz, du darfst sie mir nicht wegnehmen. Aber auch an den Mann ergeht mit dem sechsten Gebot eine Forderung: So wie Gott treu zu seinen Geschöpfen steht, so sollst du als Mann treu sein zu deiner Frau.

Eher umgekehrt, die geschlechtliche Kraft wird in der alten Zeit hoch geschätzt. Schließlich hebt die Bibel mit dem mächtigen Ruf auf der ersten Seite an: »Seid fruchtbar und mehret euch!« Und auch die merkwürdige Einrichtung der Schwagerehe oder Leviratsehe ist, ungeachtet wie sehr sie verbreitet war, nicht von Enthaltsamkeit geprägt. Und zwar aus religiösen Gründen! In meinen Nachkommen erreiche ich über meinen Besitz den Messias; sein Reich erlebe ich in meinen Enkeln und Urenkeln. Deshalb, wenn ich sterbe, soll mir der überlebende Bruder zu Kindern verhelfen und meine Witwe zur Frau nehmen, er soll mir Kinder verschaffen, damit ich das Land bis zur Ankunft des Messias in Besitz behalte. Eine Idee, die selbst Sadduzäern wichtig und zugleich kurios erschien, weshalb sie Jesus damit in eine Falle locken wollten.[2]

Wie kommt der Erzähler Thomas Mann auf die Idee, dem jungen Joseph die Aufgespartheit und geweihte Jugend als Zeichen der Auserwählung in den Mund zu legen? Und vor allem, wie kommt er auf den Gedanken der Stellvertretung? Die Mosaischen Zehn Gebote sollen von jedem Israeliten geachtet werden, Stellvertretung ist nicht vorgesehen. Ich denke dennoch, der Schriftsteller hat schon recht, wenn er den jungen Joseph in dieser Weise den Kern der israelischen Religion er-

Die Ratschläge der Schrift

zählen lässt. Doch dieser Kern liegt in der ägyptischen Periode und lange Zeit danach noch sehr verborgen als Keim im tiefen Brunnen der Verheißung und harrt des Wachstums, bis er in weiter Zukunft einmal das Licht des Tages erreicht. Eigentlich läßt Thomas Mann den Joseph die Gotteserkenntnis des zweiten Jesaja aussprechen, oder er nimmt gar die Liebes- und Opferreligion Jesu vorweg.

Diese Vorwegnahme will ich zu zeigen versuchen. Um das stellvertretende Opfer zu erkennen, müssen wir zunächst die einseitige Betonung der Enthaltsamkeit korrigieren, um zu mehr Balance in den Trieben zu gelangen. Geschlechtlichkeit kann hier nur Pars pro Toto meinen, einen Teil des Triebwesens Mensch. Wir sind Produkte der Evolution, deshalb auch die Enkel von Siegern im Kampf ums Dasein, und die Antriebe dieses Kampfes sind, ins menschliche Leben gebracht, Macht, Geschlechtlichkeit und Geld. Im tierischen Bereich werden die Triebe durch die Instinkte gelenkt, im Menschen sind sie zum Teil freigesetzt, deshalb steht der Homo sapiens vor der endlosen Aufgabe, die Triebe des Lebens selbst zu lenken. Eine anspruchsvolle Aufgabe! Heteronomie ist die Daseinsweise des Tieres, Autonomie gehört zu Glanz und Elend des Menschen. Das eben ist das autonome Leben: Du darfst dir die strengen Gesetze gegen deine Brisanten Interessen selbst vorschreiben. Sollte dir das nicht gelingen, erwartet dich die Strafe des Untergangs, denn grenzenlose Macht oder schon das Streben danach sind tragisch. Die gleiche Tragik waltet bei Geschlechtlichkeit und Geld. Man kann auch sagen, sie sind böse, weil sie ihr Ziel nicht erreichen, das Überleben des Individuums. Gerade umgekehrt, sie versperren den Weg zum Überleben; sie erzeugen gerade die Konkurrenz, in dem jedes Individuum bald unterliegen wird.

Was ist das Gegenteil des Kampfes ums Überleben? Es ist das Opfer, das freiwillige Opfer des Ich, nicht nur in der Gestalt, in der Joseph alias Thomas Mann von Aufsparung

Die Ratschläge der Schrift

spricht, sondern in umfassender Wahrnehmung der Lage des endlichen Menschen in der endlichen Natur. Zu Anfang der biblischen Geschichte opfert der Opfernde einen kleinen Teil seines Besitzes, im Laufe der Geschichte wandert dieser Teil immer mehr nach innen, in ihn selbst hinein, bis er mit ihm eins wird: Der Opfernde opfert sich selber, was ganz natürlich und ganz unnatürlich ist.

Diese Entwicklung lässt sich im AT erkennen. Sie beginnt bei den vorisraelitischen Opfern des Weidewechsels, geht weiter über das Opfer Abrahams, über das Pascha für das Gedenken an den Auszug aus Ägypten bis zum zweiten Jesaja, auch Deutero-Jesaja genannt.[3] Dieser namenlose Seher Israels tritt mit der großen Idee der Stellvertretung hervor, in der Enthaltsamkeit auch eine Rolle spielen mag, aber keineswegs die Hauptrolle. Die Enthaltsamkeit oder die Aufgespartheit ist für Schriftsteller allerdings am reizvollsten dazustellen, da der Leser seine drei Brisanten Interessen in diesem Interesse am deutlichsten und immer ganz aktuell erkennt.

Ich will die Opfergeschichte des Alten Bundes kurz erzählen, und ich denke, wir werden die Hauptelemente finden, die wir suchen und von denen der junge Joseph so leichten Mundes plaudert: Das Opfer des Ich ist eine Gotteserkenntnis, und das Opfer ist zugleich eine Stellvertretung, weil das Erbringen des Opfers zwar vernünftig ist, aber nicht gefordert werden kann.

Welche Erfahrung spiegelt sich in der Geschichte des Opfers? Die Anfänge der menschlichen Kultur sind durchsetzt mit Pflanzen-, Tier-, Menschenopfern, die für die Sicherung der Ernte gebraucht werden. Sie dienen der Erneuerung der erschöpften Fruchtbarkeit der Erde, einer heiligen Kraft, die in Wachstum und Ernte am Werke zu sein scheint. Der primitive Mensch lebt in der Angst, diese Kraft möchte sich durch den Gebrauch erschöpfen. Die Angst, die Sonne könne im Winter endgültig erlöschen, der Mond werde nicht mehr aufgehen,

Die Ratschläge der Schrift

der Pflanzenwuchs werde verdorren, hat den frühen humanen Erdenbewohner über viele Jahrtausende begleitet. Vor jeder Offenbarung der unbekannten Macht ergreift ihn die gleiche Unruhe zwischen Furcht und Hoffnung: »Diese Macht ist nur vorübergehend, sie läuft Gefahr sich zu erschöpfen.«[4]

Die Angst nimmt weiter zu, wenn der frühe Mensch durch Aussaat und Ernte tiefer in den Kreislauf der Natur eingreift. Dann hat er noch mehr den Eindruck, durch sein planmäßiges Handeln die Natur zu schwächen. Während der Sammler und Jäger nur das Gebotene nimmt, zwingt der Hirte und Ackerbauer die Natur zur Erzeugung der gewünschten Gaben, die sie von sich aus nicht im Angebot hat. Das Gefühl der Schuld wächst, und die Opfer werden größer, um das Gefühl wieder los zu werden. Doch da der Mensch vom Essen und Trinken nicht lassen kann, und er mehr und mehr davon braucht, bleibt das Schuldgefühl bestehen und wächst sogar, und mit diesem Gefühl wächst die List des Opfers.

Für die Angst muss ein Ausgleich geschaffen werden, fühlt der ansässig gewordene Ackersmann. Was er dem Boden entnommen hat, meint er dem Gott der Natur wieder erstatten zu müssen. Die Ernte kommt ihm wie ein Raub vor, dennoch kann er nicht wie früher, als er noch Jäger und Sammler war, von dem Ort des Raubes flüchten, er ist an seine Scholle gebunden. Der Ort der Angst wandert nach innen, der Sesshafte kann nicht mehr entlaufen. Das Erstlingsopfer bildet das Grundmuster aller Opfer. Es handelt sich bei diesen Gaben um das Erstgeborene aus dem Mutterschoß, das als Ausgleich von der numinosen Macht gefordert scheint. Kain und Abel, so heißt es auf den ersten Seiten der Bibel, bringen dem Herrn ein Erstlingsopfer, der Ackerbauer Kain von den Erstlingen des Feldes, der Schafhirte Abel von den Erstlingen der Herde. Das spiegelt die Tradition der frühen, archaischen Stufe wider, in der es kaum eine Unterscheidung zwischen Natur und Gott gab.

Die Ratschläge der Schrift

Die numinosen Mächte zerren am Leben des Menschen, und sein Verstand vermag nicht zwischen geistigen und materiellen Kräften zu unterscheiden. Das Materielle ist der Arbeit des Menschen ausgesetzt, das Unsichtbare nicht, ja umgekehrt, das Unsichtbare scheint die Bewegungen des Lebens in der Hand zu halten. Hier, am Anfang des Opfers, sehen wir ein Geschäft am Werk, ein ungleiches Geben und Nehmen. Das Geschäft ist vom Betrug nicht weit entfernt, wenn man sich den Austausch ansieht. Die Geschäftsgrundlage des Opfers ist die List. Der Opfernde wirft sich zerknirscht vor der Natur oder der Gottheit nieder, um Wohlergehen zu erlangen durch die Rückgabe eines kleinen Beuteanteils. Quantitativ gesehen machen die Erstlingsgaben nur einen Bruchteil des erzielten Gewinnes aus. Von wahrem Ausgleich der Kräfte kann keine Rede sein. Ökonomisch gesehen ist der Ackerbau ein systematischer Betrug an der Natur, der frühe Mensch fühlt es und will mit dem Opfer gegensteuern.

Aus dem Opfer, das zu Anfang eine List ist, erwächst mit der Zeit ein geistiges Prinzip. Mit einem Betrug kann der Mensch auf die Dauer nicht leben, sein Gewissen drückt immer an der gleichen Stelle. Die List im Opfer war nur ein Trugschluss in ihm selbst, der durch ein tieferes Bedenken der wirkenden Kräfte zu einer neuen Einsicht führt. Diese Einsicht ist in dem Erstling des Opfers schon angelegt, worin der Geber aller Gaben auch für die zweite, die dritte und alle weiteren Gaben anerkannt wird, die ihm nicht erstattet werden. Die Natur oder, jetzt muss man schon genauer sagen, Gott, der in der Natur wirkt, will die Gaben geben; die Natur steht im Dienst Gottes zu Diensten des Menschen, da Gott nun einmal eine Natur geschaffen hat. Das ist die Entdeckung Gottes als Schöpfer jenseits und diesseits der Natur. Der Mensch gelangt zur Freiheit von der Natur, er entfernt sich in dem Grade von ihren Zwängen, wie er Gott als transzendent über der Natur anerkennt. Die Differenz zwischen der Natur und ihrem Ur-

Die Ratschläge der Schrift

sprung ist das Maß der Freiheit, die dem Menschen eröffnet ist. Erst mit einem Gott jenseits der Natur kann der Mensch einen Bund schließen. Die Gabe an Gott, das Opfer, wird zum Symbol der Anerkennung, das heißt der Betrug, der das Opfer in Bezug auf die Natur war, entpuppt sich als Trugschluss eines verborgenen Bundesschlusses. Die nächste Stufe in der Entwicklung des Opfergeschehens ist im Alten Testament schon gut dokumentiert. Das Erstlingsopfer der Feldfrüchte wird nicht mehr der Natur dargebracht. Diese Opfer stellen ein Element im Bund mit Gott dar, der selbst über der Natur steht, weil er sie geschaffen hat. Das archaische Opfer wird aufgehoben, es wird zugleich überholt und aufbewahrt. Das periodisch wiederkehrende Frühlingsopfer der Erstlinge wird an ein geschichtliches Ereignis gebunden, an die Landnahme in Kanaan. So heißt es im heilsgeschichtlichen Credo im fünften Buch Mose: »Wenn du in das Land, das der Herr, dein Gott, dir als Erbbesitz gibt, hineinziehst, es in Besitz nimmst und darin wohnst, dann sollst du von den ersten Erträgen aller Feldfrüchte, die du in dem Land, das der Herr, dein Gott, dir gibt, eingebracht hast, etwas nehmen und in einen Korb legen. ... Der Herr führte uns mit starker Hand und hocherhobenem Arm, unter großem Schrecken, unter Zeichen und Wundern aus Ägypten, er brachte uns an diese Stätte und gab uns dieses Land, ein Land, in dem Milch und Honig fließen.«[5]

Das eigentliche Opfer für das Gedächtnis an den Auszug aus Ägypten ist nicht die Darbringung von Erntegaben, sondern das Schlachten der Lämmer am Paschafest. Dieses führt weiter in das Wesen des Opfers und des Bewusstseins ein, weil schließlich eine Identifikation des Menschen mit dem Lamm möglich wird, damit die Opfergabe und der Opfernde eins werden. Das geschieht auf eine neue, innere und zugleich äußere, auf eine symbolische und zugleich realistische Weise. Lange Zeit, nachdem die Menschenopfer durch das Opfer

Die Ratschläge der Schrift

Abrahams abgeschafft wurden[6], kommt das Menschenopfer zurück, aber jetzt in voller Freiheit: Es ist das Opfer des eigenen Ich.

Wegen der List war das Opfer in der Zwischenzeit entartet und mit ihm der Gottesdienst. Die Opfer bestehen zwar noch, es wird noch gegeben an den Gott, der Israel befreit hat. Aber er ist wieder zu einem der Götter geworden, man gibt ungern, widerwillig, möglichst zu einem geringen Teil, und das Opfer wird wieder als Bestechung zum eigenen Vorteil verstanden, wie vormals als Zahlung an die numinosen Mächte, um ungestört sein Wesen treiben zu können. Das aber widerspricht der Exoduserfahrung, nach welcher der gnädige Gott, der da ist, wie er ist, nämlich als Jahwe, alles Leben zu schenken bereit ist, nur eben nicht als Leistung des Menschen, sondern als freie Gabe. Den Zeitgenossen des Amos erscheint das Opfer als die negative Seite des Lebens, als überflüssige Einforderung; Gott wird zum lästigen Grundbesitzer, wobei die für einen Moment gewonnene endliche Freiheit wieder hoffnungslos ist. Opfer und Leben sind noch nicht eins geworden.

Diese Einheit klagen die Propheten ein, indem sie die ethische Dimension des Kultes fordern. Ethik sollte in Israel seit dem Zug durch die Wüste Sinai immer mit dem Kult verbunden sein. Im Gott Israels sind Erkenntnis und Handeln eins geworden. Wie Gott an dir gehandelt hat, so sollst auch du am Nächsten handeln, heißt es im Buch Levitikus, im 18. Kapitel. Durch diesen Zusammenhang ist Israel zum besonderen Volk geworden. Aber wie handelt es jetzt? Es erkennt die Gebote des Mose als Quelle des Heiles an und verstößt dennoch dagegen. Deshalb kann Hosea sagen, der Sinn des Opfers bestehe allein und ausschließlich in der Ethik. Das berühmte Wort seiner Opferkritik lautet: »Liebe will ich, nicht Schlachtopfer, Gotteserkenntnis statt Brandopfer.«[7]

In schrillen Tönen verlangt Hosea das ethische Verhalten, das im Opfer angelegt ist. Die gleiche Aussage lässt sich bei

Die Ratschläge der Schrift

Jeremia oder auch bei Jesaja finden, hier im ersten Kapitel: »Was soll ich mit euren vielen Schlachtopfern?, spricht der Herr. ... Wascht euch! Reinigt euch! Lasst ab von eurem üblen Treiben! Hört auf vor meinen Augen Böses zu tun! Lernt Gutes zu tun! Sorgt für das Recht!«

Den Propheten war weniger daran gelegen, den Kult abzuschaffen oder alles religiöse Leben ins Spirituelle und in bloße Ethik zu verwandeln, also Gott ohne Kult nur im Geiste zu feiern. Im Gegenteil, sie hätten ohne Kult den Maßstab verloren, nach dem sie Israel hätten richten können. Was im Kult als Erinnerung an den Exodus verborgen gegenwärtig ist, wollen sie im Leben des Volkes Israel verwirklicht sehen.

Eine Fortführung, ja eine Vollendung der prophetischen Opferkritik findet sich bei dem ohne Namen auftretenden Propheten des babylonischen Exils, beim zweiten Jesaja, bei Deutero-Jesaja. Er hat in den Liedern vom Gottesknecht eine Gestalt der Erwählung gezeigt, von der nicht klar ist, wer damit gemeint ist. Und wohl auch nicht klar werden soll! Die Logik der nicht-notwendigen Notwendigkeit verwehrt die Klarheit, besser gesagt, sie ist die Klarheit des Menschen, der zugleich Zuschauer und Mitspieler des Lebens ist. Spricht der Prophet von einer individuellen oder von einer kollektiven Gestalt? Spricht er von der Zukunft oder von der Gegenwart dieses Heilsbringers? Es kann mit dem Gottesknecht, dem Ebed Jahwe, der Prophet selbst als Person gemeint sein, es kann aber auch das Volk Israel insgesamt oder sogar ein künftiger Messias und Gesalbter gemeint sein. Die Unbestimmtheit dieser Person ist wohl keine Unschärfe des Ausdrucks, sie zeigt ein erhöhtes Bewusstsein der Stellvertretung an, das hier zur Vollendung gebracht wird. Die älteren Propheten sprachen auch stellvertretend, aber sie sprachen eben nur im Namen Gottes, sie handelten noch nicht in eigener Person. Sie waren Wort-Propheten und forderten das Opfer von anderen, der zweite Jesaja ist ein Tat-Prophet und fordert das Opfer von sich selbst, damit es auch andere von sich selbst fordern können. Nur ist noch nicht klar, wer dieses Selbst ist. Wer ist es? Jeder Mensch, sobald er dazu in der Lage ist. Ich bin es, und in der Lage, es zu tun, bin ich, weil ich das Problem verstanden habe. Weil mein darwinischer Trieb nicht zum Ziel führt, habe ich ihn schon aufgegeben. Weil der Mensch das Wesen ist, das seinen künftigen Tod im voraus erkannt hat, handelt er nicht mehr nur nach dem Maßstab des Überlebens. Das heißt, durch sein Menschsein hat er sich selbst als Opfer dargebracht, auch wenn er sich sehr gegen sein eigenes Tun wehrt.

Jetzt kritisiert der Prophet nicht mehr das widersinnige Verhalten gegenüber Gott, das äußerlich Jahwe anerkennt, seinen Kult vollzieht und innerlich gegen Jahwe und seinen Bund mit Israel verstößt, er gibt vielmehr stellvertretend sein eigenes Leben dahin, indem er aus dem Kampf ums Dasein ausscheidet. Der Prophet macht sich selbst zum Opfer, weil das Opfer die Quelle des Lebens erschließt: »Doch der Herr fand Gefallen an seinem zerschlagenen Knecht, er rettete den, der sein Leben als Sühneopfer hingab. Er wird Nachkommen sehen und lange leben. Der Plan des Herrn wird durch ihn gelingen.«[8] Die Frage ist: Wer kann dieser Knecht sein? Oder besser: Wer ist der erste, der sich nicht gegen seine Erkenntnis, gegen sein Menschsein wehrt?

Die Vorsicht bei der Bestimmung der Gestalt hängt wohl mit der Erkenntnis zusammen, die Religion in Glauben verwandelt. In der Religion will ich Gott ergreifen und damit auch die Welt, im Glauben dagegen antworte ich auf das Ergriffensein durch das, was mich ergriffen hat und was am besten Gott genannt wird. Diese Leistung stammt nicht vom Menschen allein, sie kann nur im Gehorsam gegen Gott vollbracht werden. Die Hingabe des Lebens und der Durchgang durch den Tod ist kein natürliches, menschenmögliches Verhalten, auch wenn sie notwendig ist, um dem Menschen das Leben zu ermöglichen. Das Mors-vita-Wort Jesu ist die Vernunft des menschlichen Lebens, auch wenn kein Mensch nach dieser Vernunft leben kann. Die Quelle für das gegenwärtige Leben, ja für das Leben überhaupt, ist eine unmöglich zu vollbringende Tat. Bevor ich ergreifen kann, bin ich schon ergriffen. Wer also soll die Quelle erschließen, und was ist die Quelle des Lebens?

3.2 Was unterscheidet das Neue Testament vom Alten? Wir könnten eine ganze Reihe von Merkmalen aufzählen, die aber wohl alle der beispiellosen Verdichtung von Raum und Zeit im Leben Jesu entspringen: Hier und heute ist das Letzte gegenwärtig, die vielen Heilswege haben ihr Ziel gefunden, die Namensvielfalt derer, die einen Weg anbieten, oder die Namenlosigkeit derer, die den Weg kennen, aber nicht gehen können, hat ein Ende: Der namenlose Prophet bekommt den Namen Jesus Christus.

Damit erhält auch die doppelte Sohnschaft einen einheitlichen Sinn, den sie immer schon hatte und der doch mit den weltlichen Erfahrungen nur unzulänglich verknüpft war: Was vom Menschen gefordert ist, die einfache Tatsache des Lebens, am Leben nicht festzuhalten, diese Forderung ist zu schwer für ihn. Weil der Mensch aus dem Kampf um das Leben stammt, kann nur Gott selber aus dem Kampf aussteigen, weil er seine Herkunft nicht aus diesem Kampfe hat. Jesus Christus in zweifacher Weise zu verstehen, einmal als Menschensohn, dann als Gottessohn, ist das gleiche, wie den Mors-vita-Spruch zu verstehen: ›Wer sein Leben festhalten will …‹ Paulus sieht die von oben kommende Bewegung richtig, wenn er im Brief an die Philipper in Kapitel 6 das Lied zitiert: »Jesus Christus war Gott gleich, hielt aber nicht daran fest, wie Gott zu sein, sondern er entäußerte sich und wurde wie ein Sklave und den Menschen gleich.« Er war gehorsam, heißt es weiter, bis zum Tod, bis zum Tod am Kreuz.

Hier gilt es, ein Missverständnis in der Sendung Jesu zu

Die Ratschläge der Schrift

vermeiden oder, weil es weithin und ohne Kontrolle durch das Denken geschieht, zu beseitigen. Er war gehorsam gegenüber Gott dem Vater, sagt Paulus. Meint das, Gott sei ein Rächer-Gott, der im Verlangen nach Vergeltung ein Opfer fordert, um sein Ansehen, die Ehre eines beleidigten Gottes wieder herzustellen? Und fordert dieser grausame Gott, weil ihm das Opfer des endlichen Menschen nicht genug ist, das unendliche Opfer seines eigenen Sohnes? Man kann solche Worte tatsächlich in der Satisfaktionslehre des Anselm von Canterbury finden, der im 11. Jahrhundert gelebt hat. Wohl alle modernen Theologen des 20. Jahrhunderts, wenn sie gegen das Opfer wütend wurden, haben bei ihrer Attacke diesen frühmittelalterlichen Benediktiner Anselm vor Augen, und sie haben sich ähnlicher Worte bedient wie der Theologe Adolf von Harnack. Den Vorzügen der Satisfaktionslehre, sagte dieser, stünden erhebliche Mängel entgegen, wodurch die Theorie völlig unannehmbar würde. ›Dieselben liegen zu einem großen Teile an der Oberfläche und beleidigen in gleicher Weise die Vernunft und die Moral.‹[9] Vernunft und Moral werden, so seine Warnung, wenn der Mensch nicht Herr ist im eigenen Hause, außer Kraft gesetzt, und das Geschöpf ist auf Hilfe angewiesen. Bis in das 21. Jahrhundert wird der Vorwurf immer von neuem wiederholt: »Einen Gott, der stets nur fordert und den es nach immer neuen Entsagungen und Abtötungen seitens des Menschen verlangt, kann man nicht lieben, sondern bloß fürchten.«[10] Was der Autor hier tut, ist schlimm, weil er das Opfer des Lebens der Liebe entgegensetzt. Das ist falsch, blind und böse. Der Mensch ist Spender und Empfänger von Liebe, und da das Empfangen angenehmer ist als das Spenden, muss er immer wieder ermahnt werden zur Liebe, und das erzeugt die Furcht. Wo ist da der Gegensatz von Furcht und Liebe, von Drohbotschaft und Frohbotschaft?

Gerade wenn ich mein Leben nicht festhalte, das heißt, wenn ich das Opfer bringe, setze ich die Liebe frei, weil ich

Die Ratschläge der Schrift

dann nicht mehr im normalen darwinischen Egoismus des Kampfes um mein Überleben stehe. Wenn man sich schon empören will über Gott, ich meine über die Wirklichkeit, wie sie ist, dann an der richtigen Stelle. Hier ist zum Beispiel Gelegenheit dazu: Warum hat die Wirklichkeit uns das Leben durch die Evolution gegeben, in der ungeheure Opfer geschehen sind und weiter geschehen werden, die alle bis auf die kleine Ausnahme beim Menschen unfreiwillig abgelaufen sind? Wenn die Gazelle dem Löwen zum Opfer fällt, hat der Löwe dann vorher angefragt, ob es der Gazelle wohl recht sei, ihm als Speise zu dienen? Oder warum ist unser Leben endlich? Die Endlichkeit ist der Stoff, mit welchem der Verführer zum Bösen verführt: »Hat Gott das wirklich verboten?« – »Das alles will ich dir geben, wenn du dich vor mir niederwirfst und mich anbetest.« Hätten wir größere Vorräte an Lebensmitteln, unendliche nämlich, gäbe es keine Kriege. Hier haben wir den richtigen Anlass gefunden, um Dampf abzulassen und die Wirklichkeit auf die Anklagebank zu setzen. Denn aus der Endlichkeit und daraus folgend aus der Sorge um das eigene Leben werden die Konkurrenz, der Streit, der Krieg, die Sünde und der Tod geboren. Warum das alles so ist? Darauf gibt es keine Antwort. Wenn der Mensch eine Auskunft haben will, muss er sie sich selbst geben, und die heißt Dankbarkeit für das endliche Leben. Die Dankbarkeit beruhigt die empörte Frage und bringt den Frieden.

Die Vorstellung, im Opfer verlange die Gottheit eine Sühne für eine Untat und der Gott Jesu Christi verlange die allergrößte Sühne, ist ein Missverständnis, jedoch, wenn man so will, ein verstehbares Missverständnis. Anselm sagt, entweder Strafe oder Wiedergutmachung stelle die Gerechtigkeit wieder her, oder wörtlich bei ihm: Aut poena aut satisfactio. Kurioserweise kann er in der gleichen Schrift über die Menschwerdung Gottes aber auch umgekehrt sagen: »Gottes Ehre kann, soweit es ihn betrifft, nichts hinzugefügt noch entzogen werden. Denn er selber ist die unzerstörbare und ganz und gar unwandelbare Ehre.«[11]

Wie sollen wir das verstehen? Gott fordert eine Vergeltung für seine verletzte Ehre, aber diese Ehre ist gar nicht verletzt, sie kann nicht einmal verletzt werden? Das Missverstehen wird erzeugt durch die mangelnde Wahrnehmung der Endlichkeit, die den Menschen dem Unendlichen ähnlich macht, aber doch auch wieder unähnlich. Ähnlich sind sie dem Sein nach, denn beide haben Sein, doch unähnlich der Herkunft nach, denn Gott hat das Sein aus sich selbst, der Mensch aber vom anderen. Es waltet hier eine fatale Projektion, bei den Theologen noch mehr als bei den einfachen Gläubigen. Wir wollen versuchen, die zugleich reale und verzerrte, also projektierte Wirklichkeit weniger verzerrt darzustellen, dabei aber nicht weniger realistisch. Wir bedienen uns dabei der Kraft des Mors-vita-Wortes Jesu.

Zunächst einmal: Wir leben in einer endlichen Wirklichkeit und möchten darin unser Leben erhalten. Wir müssen von Natur aus den Willen zum Leben haben, sonst würden wir schon lange nicht mehr leben. Zugleich können wir gerade von Natur aus das Leben nicht erhalten, weil es endlich ist. An diesem darwinischen Widerspruch scheitert jede Theologie, wenn sie der gutmütigen Meinung ist, Glaube und Religion müssten den Menschen einige Lebenshilfe leisten, um besser mit der Traurigkeit der Welt, mit den Kontingenzen des Lebens fertig zu werden. Tatsächlich formt die Religion das soziale Leben, sie gliedert die Zeiten und so weiter, sie hilft in den Ängsten, sie gestaltet die Freuden und tröstet die Hilflosen, doch sie tut auch ganz das Gegenteil: Sie klärt den Menschen über seine Endlichkeit und seine Sterblichkeit auf. Und sie belehrt ihn über seine Schuld, wenn er diese seine begrenzte Existenz nicht annehmen will.

Hier kommt tatsächlich ein Element der Ungeheuerlichkeit hinein. Der Mensch kann seine Endlichkeit nicht akzeptieren, er lebt von Natur aus nach der ersten Hälfte des Morsvita-Satzes, man kann auch sagen, er lebt unmittelbar nach Darwin: Ich will mein Leben erhalten. Und dann kommt ihm von der Natur her die kommentarlose Antwort entgegen, die ihm in der Religion als die Antwort Gottes gegeben wird: Du wirst sterben. Das wird als ungeheuerliche Strafe empfunden für ein legitimes Verlangen nach Leben und beständiger Identität. Wo liegt da meine Schuld, wenn ich nach mehr Leben verlange, nach Leben überhaupt?

Und das zweite Element der Ungeheuerlichkeit ist das Ereignis in Christus: Nur von Gott her kannst du auf die andere Seite des Satzes wechseln, auf die Seite des »Wer sein Leben verliert«. Diese Seite kann man als eine maßlose Forderung Gottes an seine Geschöpfe ansehen, die kein endlicher Mensch erfüllen kann, die deshalb von Gott selbst erfüllt werden muss.

Wie man sieht, kann man die Kernstücke der Theologie, wenn man sie auf den Boden der darwinischen Theorie stellt, ziemlich zwanglos als vernünftig und zugleich als unmöglich darstellen, eben als nicht-notwendige Notwendigkeit. Die Glaubenslehre wird mit Darwin zur Erfahrung.

Deshalb kann der Nicht-Theologe von Weizsäcker auch so entspannt über das Opfer schreiben und es Askese nennen, viel mehr als die angespannten Theologen, die es nicht schaffen, die Tradition des Glaubens mit der Welt-Erfahrung in Verbindung zu bringen. Nicht einmal das Wort vom Opfer braucht er, um dessen ganze Wirklichkeit darzulegen, er spricht von Askese.[12]

Zunächst einmal kann die Erkenntnis Gottes nur eine Stellvertretung sein, da sie nicht für jeden Menschen erträglich ist, auch wenn sie von jedem gefordert ist. Die Kulissenbildung zu Anfang der Bergpredigt will das wohl ausdrücken, wie Weizsäcker richtig sieht. »Als Jesus die vielen Menschen sah, stieg er auf einen Berg. Er setzte sich, und seine Jünger traten zu ihm.«[13] Die Bergpredigt und ihre ungeheueren Forderungen

Die Ratschläge der Schrift

sind nicht zu den Massen gesagt, sondern zu den Jüngern. Zwar entsetzen sich die Massen am Ende der Bergpredigt über seine Lehre. So konnte das Bild entstehen, als habe Jesus mit der Bergpredigt auch sie angesprochen. Es scheint aber, als könnten wir uns an die Einleitung und den Schluss zugleich halten, wobei wir unsere Denkfigur der nicht-notwendigen Notwendigkeit finden.

Hier können wir erkennen: Man darf das Notwendige nicht fordern, wenn es über Menschenkraft hinaus geht. Bei den Jüngern ist das Notwendige schon geschehen; deshalb brauchen die Forderungen der Seligpreisungen von ihnen nicht gefordert zu werden. Sie können sogar in der Form der Gegenwart ausgesprochen werden: »Selig, die arm sind vor Gott; denn ihnen gehört das Himmelreich« – das seid ihr, meine Jünger, denn euch hat die zweite Hälfte des Mors-vita-Spruches schon erreicht, ihr habt schon losgelassen und seid mir nachgefolgt. Und von den vielen Menschen braucht das Notwendige nicht gefordert zu werden, weil sie es nur staunend anhören, ohne es vollbringen zu können. Sie sollen die Wirklichkeit erkennen, anerkennen und auf die Verwirklichung hoffen. Man könnte statt von Hoffnung auch von Stellvertretung sprechen. Der unerträgliche Widerspruch des endlichen Lebens wird so in das Licht eines anderen Lebens getaucht.

Ich meine, vor der gewöhnlichen Auslegung der Bergpredigt hängt ein Grauschleier, weil der Pfarrer oder Professor um seine Identität besorgt ist, wenn er die Worte Jesu hört. Er will sich zu den Jüngern Jesu zählen, lebt aber wie einer aus der großen Menge. Jesus spricht in der Bergpredigt zu real armen Menschen, sie haben wirklich Haus und Hof verlassen, deshalb spüren sie den Geist und damit die Nähe des Reiches Gottes. Die Hauptamtlichen, wie sie heute heißen, wollen ihre Anstellung behalten, sie wollen gerade nicht Haus und Hof verlassen. Sie wollen eine sichere Stelle in der Kirche und einen besseren Tarifvertrag. Was aber geschieht mit jemandem, der

Die Ratschläge der Schrift

sein Leben erhalten will? Die Forderungen Jesu erträgt er nicht, er deutet sie um.»Dies mag den eigentümlichen Ton abstrakter Erregtheit in vielen neutestamentlichen Exegesen unserer Tage verständlich machen«, wie von Weizsäcker sagt[14].

3.3 Jetzt können wir die beiden Testamente mit der Tradition der Kirche verbinden. Die Offenbarung ist mit Jesus im äußeren, im historischen Sinne abgeschlossen, denn über den Morsvita-Spruch hinaus ist keine Erleuchtung zu erwarten. Weil die darwinische Theorie keine wirklich neue Erkenntnis über das Leben zulässt, ist auch sie abgeschlossen; ebenfalls ist die Offenbarung abgeschlossen, weil sie auf die Lage des Lebens, das aus der Evolution hervorgegangen ist, geantwortet hat, lange bevor die Evolutionslehre existiert hat, aber natürlich lange nach dem Beginn der Evolution. Doch so wie der einmal mit Mutation und Selektion aufgespannte Rahmen der Evolutionslehre immer weiter ausgefüllt wird, so wird auch der Rahmen der Offenbarung weiter ausgefüllt. Wir haben es hier mit einer sogenannten Bewegung im Selben zu tun: Es geschieht eine echte Bewegung, aber nicht über den gegebenen Rahmen hinaus. Für ein Buch und einen Text kann es eine solche Bewegung im Selben wohl nicht geben, eine Bewegung an einer Sache führt entweder von dieser Sache weg, oder aber es gibt keine Bewegung. Doch die Offenbarung Gottes ist das Offenbarwerden einer Person oder Gottes selbst als einer personalen Wirklichkeit. Die Gegenwart wird als Person sakramental, wenn sie durch das Tor des »Wer sein Leben verliert ...« gegangen ist. Eben deshalb ist auch Jesus Christus das ursprüngliche Sakrament der Kirche, das in der Welt weiter lebt, weil er sein Leben nicht festgehalten hat.

Das macht die Rede von der abgeschlossenen und der mitlebenden Autorität[15] der Offenbarung sinnvoll. Da ist einmal die Bibel, sie bildet als Text eine abgeschlossene Autorität, die

Die Ratschläge der Schrift

Zeugnis gibt von einem einmalig und erstmalig gelungenen Leben; und da ist die mitlebende Autorität der Offenbarung, das ist das Lehramt in der Kirche. Ihre Hauptaufgabe ist die Verhinderung, damit nicht aus der Offenbarung, die ein Ergriffensein bedeutet, ein Besitz der Offenbarung, also ein Ergreifen der Offenbarung in selbstmächtiger Auslegung wird, – damit nicht aus Ergriffensein abstrakte Erregtheit wird. In diesem sakramentalen Sinn geht die Offenbarung in Christus weiter, mit einer Bewegung im Selben. Sie führt nicht über Christus hinaus, sie führt tiefer in ihn hinein. Eben diese Vertiefung sehen wir in einem Zusammenwachsen von Ökologie und Ekklesiologie. Ökologie kann nur dort gelingen, wo der Mensch im Prinzip zum Opfer des Ich bereit ist; weil er als Mensch dieses Opfer aber nicht bringen kann, muss er es durch das Sakrament der Kirche in Jesus Christus erhoffen. Dieses Zusammenwachsen von Ökologie und Ekklesiologie wird getragen von der Demokratie der Betroffenen, was kein Zuckerschlecken ist. Der Weg ist dornig, wie von Weizsäcker sieht: »Die Mentalität der Mitbestimmenden erweist sich durch dieselben Motive gelenkt wie die der bisher Alleinbestimmenden, nur unerleuchteter, egoistischer, chaotischer.«[16]

Man könnte noch hinzufügen: Durch das Zusammenwachsen von Ökologie und Ekklesiologie wird ein dritter Ort des Heiles sichtbar: die Natur, oder die Welt, oder die Geschichte. Gewöhnlich wird als Ort des Heils das Jenseits angegeben, eben als Leben nach dem Tod. Oder das innere Erleben des Menschen, sein reines Gewissen, seine Zustimmung zum Gefühl schlechthinniger Abhängigkeit. Aber es fehlt noch ein drittes Element, das bei Augustinus immer das erste Element der Wirklichkeit war. Der Kirchenvater sprach immer vom Extra nos, Intra nos und Supra nos der Wirklichkeit. Mit der ökologischen Krise erkennen wir Gottes Sein nicht nur in uns und über uns, sondern auch außerhalb von uns in Natur und Geschichte. Die Neuzeit wollte Natur und Geschichte behandeln, als ob es Gott nicht gäbe, etsi Deus non daretur. Natur und Geschichte sollten das Feld sein, auf dem der Mensch die Wirklichkeit gänzlich unabhängig ergreift. Die Ökologie und ihre Probleme zeigen ihm, wie sehr auch dort seinem Ergreifen ein Ergriffensein vorausgeht: Natur und Geschichte sind nicht nur Material seines Handelns, sondern auch Gegenwartsweise seines Schöpfers. Deshalb ist die ökologische Bewegung der siebziger Jahre zu loben. Vielleicht hat sie nicht wirklich die Fenster der Natur zu Gott hin aufgerissen, aber sie ist doch ›ein Schrei nach frischer Luft‹ gewesen, wie Papst Benedikt im September 2011 vor dem Deutschen Bundestag sagte. Die Natur ist eben nicht nur der Steinbruch, in dem wir zu Herren und Meistern über sie werden, die Natur ist auch das Organ Gottes, mit dem er zu unseren Herzen spricht.

4. Neue Erfahrung der Kirche

These IV: Der Fortschritt ist die Überwindung des darwinischen Egoismus. Die Kirche bewahrt diesen Fortschritt in den Evangelischen Räten auf, ohne ihn bisher ganz verstanden zu haben.

4.1 Wie schon üblich weht uns der Funke des Geistes aus der Literatur herüber. Wiederum in schön verpackter Gestalt, damit uns der Schmerz der Erkenntnis nicht überwältigt. In den *Hymnen an die Kirche* der Dichterin Gertrud von le Fort heißt es im Jahr 1924:

> DEINE Stimme spricht:
> Ich habe noch Blumen aus der Wildnis im Arme,
> habe noch Tau in meinen Haaren aus Tälern der Menschenfrühe.
> Ich habe noch Gebete, denen die Flur lauscht,
> ich weiß noch, wie man Gewitter fromm macht und das Wasser segnet.
> Ich trage noch im Schoße die Geheimnisse der Wüste,
> ich trage noch auf meinem Haupt das edle Gespinst grauer Denker,
> denn ich bin Mutter aller Kinder dieser Erde.
> Was schmähst du mich, Welt,
> weil ich groß sein darf wie mein himmlischer Vater?
> Siehe, in mir knien Völker, die lange dahin sind,
> und aus meiner Seele leuchten nach dem Ew'gen viele Heiden!
> Ich war heimlich in den Tempeln ihrer Götter,

> ich war dunkel in den Sprüchen all ihrer Weisen.
> Ich war auf den Türmen ihrer Sternsucher,
> ich war bei den einsamen Frauen, auf die der Geist fiel.
> Ich war die Sehnsucht aller Zeiten,
> ich war das Licht aller Zeiten.
> Ich bin ihr großes Zusammen, ich bin ihr ewiges Einig.
> Ich bin auf der Straße aller ihrer Straßen:
> Auf mir ziehen die Jahrtausende zu Gott!

Ich gebe zu, der Ton klingt nicht frisch und fortschrittlich, eher verzagt und verzweifelt, trotz des forschen Klangs. Die Dichterin will mit dem Blick zurück in die Vergangenheit die Zukunft beschwören, um die Feinde der Kirche in der Gegenwart zu verblüffen: Kirche ist alles und jedes, ruft sie aus, weil alles und jedes auf einer einzigen Straße läuft, auf der Straße zu Gott.

Gibt es einen verstehbaren Kern in diesem so fremd und so fern klingenden Hymnus? Mir scheint ja, und ich bestimme ihn so: Was tut ihr Menschen in der Welt? Ihr lauft auf der Straße eures Glücks, ihr sucht euren Gott, aber ihr nennt ihn nicht so. Der Name Gottes würde euch zeigen, in welchem Maße ihr abhängig seid. Doch ihr wollt euer Glück selber schmieden, deshalb redet ihr vom Sinn des Lebens oder vom Vergnügen im Leben. Viele von euch nennen auch das Geld ihren Gott. Oder sind es gar nicht viele, sondern in Wirklichkeit alle, die den Mammon mit Gott verwechseln? Einige auch pflegen ihren Körper als ihren Gott, sie reden ausländisch, ›Fit for Fun‹ sagen sie, um ihren Gott nicht als Gott und damit ihre Abhängigkeit zu erkennen.

Dagegen sage ich euch, ich, die Dichterin, mit einem Sprichwort: Woran du dein Herz gehängt hast, das ist dein Gott. Prüfe dich, welche Idee von Glück dich gefangen hält. Willst du dein Glück in der Konkurrenz finden, also gegen deine Konkurrenten in der Welt, oder gar gegen den Gott, der

Neue Erfahrung der Kirche

außerhalb der Konkurrenz lebt? Ich sage dir: Suche das Glück mit ihm zu finden. Er bietet sich dir als das Ende der Konkurrenz an, weil Gott die Liebe ist. Nur auf den Straßen, die vom Egoismus des Kampfes ums Leben frei sind, kann der Mensch sinnvolle Schritte tun. Der darwinische Kampf in Natur und Gesellschaft hat keinen Sinn anzubieten, weil er niemals ein Ziel erreicht. Hat nicht der bekannte und bekennende Darwinist Jacques Monod im 20. Jahrhundert sein Leben mit den Worten weggeworfen: Der Mensch ist nur ein Zigeuner am Rande des Universums?[1] Oder meinst du vielleicht, der Mensch könne in Zukunft sein Überleben in der Natur sichern?

So die Dichterin Gertrud von le Fort in ihrem erhöhten Ton. Mir scheint, wir haben bei ihr die nicht-notwendige Notwendigkeit gefunden, mit der wir in der Welt aus der Welt aussteigen können, um zum Sinn des Lebens zu kommen, was, wie wir wissen, notwendig und zugleich unmöglich ist.

Wir hatten gesagt, der Fortschritt in der Welt sei das Verlangen nach mehr Überleben. Der Fortschritt in der Kirche aber sei die Kunst, unter Umständen auf das Überleben zu verzichten: »Wer sein Leben verliert …«. Wenn ich die Kunst des Verzichtens besitze, werde ich gottgleich ohne Konkurrenz, wenn Gott die Wahrheit sein sollte, wenn er also die Fähigkeit besitzen sollte, nicht nur sich selbst, sondern alles Leben am Leben zu erhalten. Diese Erkenntnis wäre endlich einmal ein Fortschritt, der den Namen verdient, vielleicht der größte Schritt für den Erdenbürger, wenn der Mors-vita-Spruch Jesu denn wahr sein sollte.

Nur bietet der Spruch eine offene Flanke, die ihn verletzlich macht. In der Wirklichkeit ist er zwar unüberholbar, genau so, wie das Überleben in der Natur unerreichbar ist, wohl aber kann er dem Schein nach überholt werden. Denn die Gestalt, die der Verzicht auf das Überleben in Christus angenommen hat, liegt zweitausend Jahre zurück. Deshalb kann man diesen absoluten Fortschritt immer wieder als relativen darstellen, als konservativ, als überholbar, um dann die wirklich konservativen Strategien hervorzuholen und das Konservieren und Überleben des eigenen Lebens in der Natur als fortschrittlich auszugeben. Evangelische Räte, Opfer, Askese? Alles überholt, ruft die öffentliche Propaganda, all das ist zu deponieren in den Vatikanischen Museen!

So wird der Bock zum Gärtner gemacht und das widersprüchliche darwinische Leben als das wahre Leben gepriesen. So werden immer neu die Tabus gebrochen, die das Erlebnis einer neuen Freiheit vermitteln, ohne Ahnung des Inhalts, weshalb mit der scheinbaren Freiheit der schmerzliche Lehrgang nur von neuem beginnt.

Das heißt, so ganz auf den bloßen Anschein ist der Wille zum Überleben in der Natur nicht gegründet, so ganz ohne Sein ist der Schein hier nicht. Wir leben heute im 21. Jahrhundert länger und gesünder als unsere Väter und Mütter in ihren Tagen. Im Psalm 90 heißt es zwar: »Unser Leben währt siebzig Jahre, und wenn es hoch kommt, sind es achtzig.« Vor zweitausend Jahren erreichten aber wirklich nur sehr wenige Leute dieses hohe Alter, jetzt steuern wir auf breiter Front über dieses Höchstalter hinaus. Gibt es also doch ein Überleben in der Natur? Medizinisch ganz auszuschließen ist die ewige Jugend nicht, aber der nächste Flugzeugabsturz oder der nächste Mord kann mich natürlich immer noch treffen. Und der zweite Energiesatz verhindert auf jeden Fall ein ewiges Leben in der Natur. Wer dennoch meint, das ewige Überleben in der Natur erreicht zu haben, den kann ich nur beglückwünschen, dem habe ich weiter nichts zu sagen.

Wer hingegen die Überzeugung des Überlebens nicht teilt, für den ist es wichtig, die Dialektik von Fortschritt und Rückschritt einzusehen, um fähig zu werden, die Rede von den Evangelischen Räten in der Kirche mehr als nur historisch zu verstehen. Wer nicht mehr von der Sorge um sein Überleben geplagt ist, der beginnt zu verstehen. Ob es einen solchen Men-

Neue Erfahrung der Kirche

schen gibt, weiß ich nicht, nur von dieser Bedingung weiß ich. Daher die Scheinlösung des Überlebens in der Natur! Wer sicher leben will in der Welt, kommt aus der Dauersorge für sein Ich nicht heraus.

In solcher Meinung schaue ich auf die Kirche. Sie ist die messianische Ankunft. Und welche andere Aufgabe kann der Messias haben, als die Sorge und die von ihr erzeugte Sünde der Welt hinweg zu nehmen? Die sakramentale Gestalt ist der theologische Ausdruck der nicht-notwendigen Notwendigkeit: Die Sorge zu besiegen ist notwendig für die Humanität, dennoch ist sie keine humane Tat, die dem Menschen von Natur aus gelingen könnte, denn von Natur aus ist er darwinisch. Oder kürzer gesagt: Im Sakrament leistet ein anderer das Notwendige für mich. Wenn ich als Mensch die Sorge der Welt besiege, obwohl das von Natur aus unmöglich ist, so erfahre ich dieses Ereignis als eine Tat, die nicht von mir stammt. Ich selbst habe sie nicht vollbracht, obwohl sie in mir vollbracht ist. Deshalb die stehende Redewendung des hl. Augustinus: Wenn Gott meine Verdienste krönt, dann krönt er seine Verdienste um mich.[2] Oder in Kurzfassung: Der Sinn der Kirche ist es, dem Mors-vita-Spruch, diesem anti-darwinischen und unnatürlichen Leben eine lebbare Gestalt in der Welt, das heißt in der Natur, zu geben.

Dazu müssen die alten geistlichen Erfahrungen, die im Vergleich mit allen Trieben zur Erhaltung des Lebens so viel jünger sind, aus dem antiken und feudalen in den demokratischen, den Rahmen von heute übersetzt werden. Das hatte unser Gewährsmann, der Philosoph, versucht, daran sollten auch wir uns versuchen. Das heißt, wir sehen, wie sich die Kirche selbst schon im 20. Jahrhundert daran versucht hat, ohne gerade viel Verständnis für ihren Versuch gefunden zu haben. Die Konstitution *Lumen Gentium* des 2. Vatikanischen Konzils aus dem Jahr 1964 ist ein gutes Beispiel für eine solche Übersetzung, für eine Inkulturation, welche die alte Glaubens-

Neue Erfahrung der Kirche

erfahrung für unübertrefflich hält und sie deshalb in einen neuen Rahmen übertragen will. Hier in den Rahmen der demokratischen Gesellschaft, die als konsumtive Gesellschaft hoch gefährdet und zugleich gefährlich ist. *Lumen Gentium* kann auch im theologischen Sinn in der Wahrheit sein, weil sie etwas Altes und zugleich Neues aussagt, weil sie eine Bewegung im Selben ist und das Gleiche in einen äußerlich veränderten Rahmen stellt.

Die Kirche scheint beim Heutigwerden auch die demokratische Askese entdeckt zu haben. Allerdings, wer hört schon gerne von Askese? Nur wenige Leute haben diese Wendung bisher bemerkt, am wenigsten die Theologen. Vielleicht mit ein oder zwei Ausnahmen. So machte etwa Karl Rahner in *Lumen Gentium* ein »ungeheueres Ereignis in der Geschichte der Kirche« aus, als er den Ruf zur allgemeinen Heiligkeit in den Blick nahm[3]. Nachdenkenswert findet er, wie sehr die allgemeine Heiligkeit, die doch lange Zeit ein Attribut der Ordensleute war, sang- und klanglos auf alle Christen ausgeweitet wurde. Alle Glaubenden in Ehe und in weltlichem Beruf seien jetzt zur Vollkommenheit berufen. Rahner meint, dieses Selbstverständnis der Kirche sei auch an der Zeit gewesen. Deshalb habe niemand der revolutionären Aussage widersprochen, weil der faktische Lebensvollzug diese Erklärung schon lange Zeit unbewusst vorweg genommen habe.

Ein ungeheueres Ereignis, und niemand bemerkt es? Das werden wir prüfen müssen. Es wäre schon erstaunlich, wenn so leichten Herzens und auf so breiter Front die Menschen in der Kirche nun auf einmal alle die Heiligkeit anstreben. Heiligkeit ist von Natur aus ungemütlich, weil unnatürlich, und die Evangelischen Räte sind das genaue Gegenteil der Brisanten Interessen, die bisher allein den Gang der Evolution und der Kulturen bestimmt haben. Faktisch ist das Ordensleben in den entwickelten und konsumtiv orientierten Gesellschaften nach dem Konzil sogar völlig zusammengebrochen, weil der Fort-

Neue Erfahrung der Kirche

schritt in der Welt so siegreich schien. Eher hat die Zeit nach dem Konzil noch an Konsum zugelegt und an Heiligkeit abgenommen.

Hier legt sich die Vermutung nahe, bei der Gleichsetzung von A und B sei weniger A auf B übertragen worden als vielmehr B auf A. Oder unverschlüsselt: Bei dem allgemeinen Ruf zur Heiligkeit in der Kirche ist mehr die Allgemeinheit in die Heiligkeit als die Heiligkeit in die Allgemeinheit eingedrungen – jedenfalls zunächst einmal und für die ersten Jahrzehnte. Doch es muss ja nicht dabei bleiben. Der Kanal der Gleichsetzung ist jedenfalls geöffnet. Und in diesem einen Punkt können wir Rahner in vollem Umfang zustimmen: Der demokratische und allgemeine Ruf nach Heiligkeit ist eine Neuigkeit in der Kirche, von ferne angelegt schon in der Bergpredigt. Wenn wir auch meinen, der Kanal sollte eher in der anderen Richtung befahren werden, als es in der letzten Zeit geschehen ist. Die geistliche Erfahrung innen und die ökologische Erfahrung außen legen die Umkehr der Richtung nahe.

Vielleicht wussten viele Konzilsväter selber nicht so genau, was sie taten, als sie dem Ruf des 20. Jahrhunderts eine Gestalt gaben: »Die Kirche ist in den Seelen erwacht.«[4] Jedenfalls wird dieser Ruf Guardinis sie inspiriert haben, der hier der zweite Theologe ist, der das ungeheure Ereignis gemerkt hat. Die Bischöfe können gut und gern das Werkzeug des Heiligen Geistes gewesen sein; sie haben vielleicht andere Gedanken gehegt als derjenige, der sie als Werkzeug gebraucht hat. Sagt etwa das Werk zu dem, der es geschaffen hat: Warum hast du mich so gemacht? Sie wollten mehr Raum geben in der Kirche für die aktive Teilnahme, für die berühmte Participatio actuosa. In welcher Weise? Nun, das führt zur Unterscheidung der Geister: Bedeutet die aktive Teilnahme mehr die Bereitschaft, Leitung in der Kirche zu übernehmen? Oder mehr die Bereitschaft, Leiden in der Kirche zu übernehmen?

4.2 Schauen wir deshalb mit dem Abstand eines halben Jahrhunderts noch einmal auf *Lumen Gentium*. Nach alter und bewährter Erfahrung sollten wir den Geist eines Textes in seiner Gliederung suchen, auch wenn es der Heilige Geist ist, der hier spricht. Die Klarheit des Aufbaus spiegelt die Klarheit des Inhalts wieder und umgekehrt. Die Kirchenkonstitution war bekanntlich hart umkämpft. Das letzte, das marianische Kapitel VIII musste im Jahr 1963 sogar eine Kampfabstimmung über sich ergehen lassen. Das Konzil war in der Mitte gespalten. Eine kleine Mehrheit stimmte für die Einfügung des Marienkapitels in die allgemeine Konstitution, eine starke Minderheit wollte ein eigenständiges Dokument zur Gottesmutter haben. Ein Jahr später allerdings wurde der gesamte Text nahezu einmütig angenommen.

Obwohl der Text also als Flickenteppich entstanden ist, zusammengestückelt aus einer Summe großer und kleiner Kompromisse, müssen wir unseren hermeneutischen Grundsatz nicht aufgeben. Im Gegenteil! Wenn Wahrheit die Fähigkeit ist, mich und den anderen am Leben zu erhalten, so muss Wahrheit anwesend sein, wenn sich so viele verschiedene Geister schließlich auf einen Text, also auf eine geistige Gestalt einigen, die Leben bringen soll. Was ist das für eine Gestalt?

Die acht Kapitel der Konstitution lassen sich in vier Teile gliedern. Das Kapitel I ist eine Einleitung und beschreibt die Welt als Stiftung, die von Gott zur Teilnahme am göttlichen Leben eingerichtet ist. Der Sinn der Welt ist die Gottwerdung: »Der ewige Vater hat die ganze Welt nach dem völlig freien, verborgenen Ratschluss seiner Weisheit und Güte erschaffen. Er hat auch beschlossen, die Menschen zur Teilhabe an dem göttlichen Leben zu erheben.« Gott gibt das Leben aus freiem Entschluss, doch weil die Menschen nicht ebenso gerne geben, sondern lieber nehmen, deshalb fallen sie in Sünde und Elend. Von Beginn des Lebens an sind der Verbrauch und das Schaffen des Lebens aus der Balance geraten. Jede Gesellschaft ist konsumtiv, wenn sie nicht zum Gegenteil gezwungen wird oder aus Einsicht anders handelt. Deshalb erscheint der Baumeister, der Schöpfer, auch als Ingenieur der Kirche, weil er das gestörte Gleichgewicht des Lebens in Verbrauch und Schaffen des Lebens wieder aufrichten will.

Die Strukturen der Kirche werden in den Kapiteln II bis IV entfaltet. Diese Kapitel bilden den zweiten Teil von *Lumen Gentium*. Im Bild eines Automobils gesprochen entspricht der zweite Teil der Karosserie. Den gleichen Umfang an Kapiteln hat der dritte Teil mit den Kapiteln V bis VII. Dieser Teil ist der Motor, der das Fahrzeug in Bewegung hält. Das Kapitel VIII über die Gottesmutter Maria bildet den vierten Teil und fügt sich organisch in das Bild des göttlichen Ingenieurs ein. Wenn der Sinn der Kirche die Teilnahme am Leben Gottes für alle Menschen ist, dann ist Maria der erste Mensch, der vollständig am Leben Gottes teilnimmt. Sie hat das göttliche Leben erreicht, weil sie nie die Balance von Geben und Nehmen verloren hat, weil sie nie in die Sünde der Konkurrenz eingetreten ist. Hier der Überblick über die vier Teile.

Kapitel I: Das Mysterium der Kirche (1–8)

Kapitel II: Das Volk Gottes (9–17)
Kapitel III: Die hierarchische Verfassung der Kirche (18–29)
Kapitel IV: Die Laien (30–38)

Kapitel V: Die allgemeine Berufung zur Heiligkeit in der Kirche (39–42)
Kapitel VI: Die Ordensleute (43–47)
Kapitel VII: Der endzeitliche Charakter der pilgernden Kirche und ihre Einheit mit der himmlischen Kirche (48–51)

Neue Erfahrung der Kirche

Kapitel VIII: Die selige jungfräuliche Gottesmutter Maria im Geheimnis Christi und der Kirche (52–69)

Der Text ist kunstvoll aufgebaut: Der handelnde Gott hat über die Kirche sein Ziel in der Gottesmutter und Jungfrau Maria zum ersten Mal erreicht. Sie ist das Urbild der Kirche, ihr Typus, wie der hl. Ambrosius sagt. Wir können sie auch den Prototyp, das Urmuster des Heiles nennen, das allen Menschen zugedacht ist. Mit ihrer Antwort auf die Bitte des Engels: »Mir geschehe, wie Du gesagt hast« tritt sie aus der Konkurrenz der Natur heraus, in welcher der Mensch zuerst an die Erhaltung seines eigenen Lebens denkt. In ihrer Person erreicht die Erlösung als Ausstieg aus der darwinischen Konkurrenz zum ersten Mal ihr Ziel, das göttliche Leben.

Für einen nüchternen Betrachter liegen Ursprung und Ziel der Kirche, wenn sie über sich selbst spricht, deutlich vor Augen; und in der Mitte liegen die Mittel, die sie zu diesem Ziel einzusetzen gedenkt, die Karosserie und den Motor des Fahrzeugs. Blickt man aber in die ekklesiologische Literatur, so ist fast ausschließlich von der Karosserie die Rede, kaum je vom Motor und kaum je auch vom Ziel des göttlichen Planes. Die balancierte Selbstaussage der Kirche hat die meisten Theologen eher aus der Balance gebracht und aus der Ekklesiologie eine ekklesiogene Verhaltensstörung werden lassen.

So gleich im Jahr 1966, zwei Jahre nach dem Beschluss.[5] Die erste Monographie über *Lumen Gentium* ist ein sinnfälliges Beispiel für einseitige Wahrnehmung: In den zwei Bänden sprechen die Autoren fast nur über formale Fragen. Von den zwölfhundert Seiten des Werks werden dem dritten Teil über den Ruf zur allgemeinen Heiligkeit gerade einmal 150 Seiten gewidmet, großzügig gerechnet. Mehr als 1000 Seiten handeln vom ersten und zweiten Teil, von der Aufgabe der Kirche, vom Volk Gottes, von der hierarchischen Struktur und von den Laien, vorzugsweise in konkurrierendem Geiste: Wer darf was, und wer darf was noch nicht? Ich frage: Wie soll ein Auto ohne Motor fahren? Entsprechend wenig Feuer und Fahrt finden sich seitdem in der Kirche.

Wie ein Blick in die ekklesiogenen Bücher zeigt, wird die Kirchenkonstitution fast immer einseitig wahrgenommen, die Theologen sprechen praktisch nur von der Karosserie, also von den Strukturen der Kirche. Auch der junge Ratzinger lag noch auf dieser Linie und hat seine theologischen Gedanken über das ›Neue Volk Gottes‹ auf Strukturfragen beschränkt. Schon 1966 hatte er sich in dem Sammelband von Baraúna und dann noch einige Male später über die Artikel Nummer 22 und 23 geäußert. Diesem »wohl am meisten umstrittenen Stück des ganzen Textes«[6] über das Verhältnis von Papst und Bischöfen schenkt er seit Jahrzehnten seine Aufmerksamkeit. Als Präfekt der Glaubenskongregation hat er mit seiner Deutung über das Verhältnis der vielen Lokalkirchen zur einen Universalkirche sogar innerbischöflichen und schließlich innerkurialen Widerspruch erregt.[7] In dem Streit geht es um die Frage, ob die Gesamtkirche den Ortskirchen wesentlich vorausgeht oder nicht, was einige Auswirkungen im Leben der Kirche hat. Wie es auch stehen mag in diesem Punkt, immer behandeln die Ausleger von *Lumen Gentium* die Struktur- und Machtfragen. Für den Motor der Kirche, das Leben der Heiligkeit, bleibt da wenig Kraft übrig.

In einem Lehrbuch über die Kirche ist zwar viel von Ortskirchen und Bischofskonferenzen die Rede, aber vom Ruf zur Heiligkeit, von den Evangelischen Räten und den Orden gibt es dort nicht eine Spur zu lesen.[8] Das Sachregister zeigt die Gewichtung an: Alles über die Karosserie, nichts über den Motor!

Oder nehmen wir einen anderen Autor, der sich mit der Ekklesiologie des Vaticanum II beschäftigt hat. In einem Beitrag zu *Lumen Gentium*, der die bekannten Strukturfragen erörtert, hält er eine kurze Bemerkung zu unserem Thema bereit.»Es wird die Heiligkeit des Laien in besonderer Weise herausgestellt und auf das Geheimnis der Kirche insgesamt bezogen. Die evangelischen Räte, Armut, Keuschheit, Gehorsam sind in ihm begründet.«[9] Stellt das nicht die Aussagen der Konstitution auf den Kopf? Der Laie soll besonders heilig sein? Das kann doch nicht sein: Nur weil er eben ein Laie ist, ist er schon heilig? Er wird heilig durch die Taufe und ein neues Leben in der Gnade, nicht durch sich selbst. Und zum Leben der Gnade gehört die Teilnahme oder »das Bekenntnis zu den Evangelischen Räten« (LG 44). Das meint ein Leben in der Welt, das nicht von der Welt ist. Aber davon ist bei unserem Autor keine Spur zu finden. Dann sollen nach ihm die Evangelischen Räte im Geheimnis der Kirche begründet sein, das seinen Kern in der Heiligkeit des Laien hat? Stellt das nicht die Aussagen auf dem Kopf? Aber fragen wir lieber: Wie kann es zu einer solchen Auslegung kommen? Mir fällt nur kirchlicher Selbsthass nach Flagellantenart ein, der hier zum Verlust der Wahrnehmung führt. Oder ist es umgekehrt? Vielleicht führt die mangelnde Wahrnehmung zum Selbsthass, weil die kirchlichen Gestalten, weil die Strukturen plötzlich ohne Sinn dastehen und das verbindende Band fehlt. Strukturfragen werden immer nur im Gefühl der Konkurrenz erörtert, und der Friede wird in diesem Fall nur erlebbar durch das baldige Verschwinden des Konkurrenten. Hier treffen wir auf die harte Wirklichkeit: Scheinbarer Friede wird erlebt durch die Vernichtung des Konkurrenten, echter Friede durch die Vernichtung der Konkurrenz.

Ein weiteres Beispiel für die fehlende Wahrnehmung finden wir in einer Innsbrucker Habilitationsschrift aus dem Jahr 2004. In der Absicht, niemanden zu übergehen und alle Glieder der Kirche zu achten, kommentiert ein Autor das Kapitel V über die allgemeine Berufung zur Heiligkeit in der Kirche so: »Dafür werden jene Gemeinschaften angedeutet, in denen besonders die evangelischen Räte gelebt werden und die auf diese

Weise von der Heiligkeit der Kirche Zeugnis geben. Die Gemeinden wären hier mindestens ebenso erwähnenswert gewesen.«[10] Jede äußere Gestalt soll jeder anderen gleichwertig sein? Da die eine Seite gelobt wird, wie kann man die andere Seite vergessen? Ein edler Gleichstellungsgrundsatz, aber eine schiefe Wahrnehmung! Auch gefährlich, wenn die Wirklichkeit damit aus dem Blick gerät. Das Konzil sagt es anders, es scheut sich nicht, in Kapitel V die Allgemeinheit des Rufes zur Heiligkeit durch das Leben in den Evangelischen Räte zu begründen, auch bei denen, die nicht in diesen Räten leben, da sie in gewisser Weise doch von ihnen leben.

Hören wir den vollen Konzilstext: »So erscheint das Bekenntnis zu den Evangelischen Räten als ein Zeichen, das alle Glieder der Kirche wirksam zur eifrigen Erfüllung der Pflichten ihrer christlichen Berufung hinziehen kann und soll. Das Volk Gottes hat ja hier keine bleibende Heimstatt, sondern sucht die zukünftige« (LG 44).

Bekenntnis meint hier soviel wie das Bewusstsein, die Brisanten Interessen des Ich als die Quelle des Unfriedens in der Welt erkannt zu haben. Dieses Bewusstsein zu leben, ist *indirekt* möglich durch Heiligung des Lebens in der Welt und in der Ehe, *direkt* durch die Ordensgelübde. Die Evangelischen Räte sind die messianische Existenz der Kirche in der Welt, mit der sie dem Geist der Welt, der auf den Kampf und das Überleben in der Natur gestellt ist, entgegensteht und, wegen des geminderten Egoismus, Liebe möglich macht.

Das Lehramt und von Weizsäcker scheinen da klüger zu sein als manche Exegeten von *Lumen Gentium*. Sie fürchten sich nicht vor der unvergleichlichen religiösen Askese, vor der Leistung der Gnade par excellence. Der religiöse Asket kämpfte am Rande der menschlichen Möglichkeiten. »Er zog aus der außerordentlichen Anstrengung die Hoffnung auf außerordentliches Heil.« Das Lob auf die Räte kann eine Gefahr sein, weil damit die einen mehr gelobt werden als die anderen;

es muss aber beim Hellsichtigen keinen Anstoß erregen. Solange das Verlangen nach äußerer Gleichheit die Unterschiede von innen nicht sehen will, solange hat die demokratische Askese keine Chance in Kirche und Gesellschaft. Wann bekommt sie ihre Chance? Ich weiß es nicht oder doch nur soviel: Wer nur die Strukturen der Kirche demokratisieren will, schafft eine Funktionärskirche und verhindert die allgemeine Heiligkeit und die demokratische Askese.

Ich sehe vier Parallelen zwischen der ›demokratischen Askese‹ und *Lumen Gentium*.

a) Beide machen einen Versuch zur Demokratisierung alter Erfahrungen, die allerdings lange nicht so alt sind wie das darwinische Festhalten am Leben.

b) Beide lehren Demokratie als Teilnahme an der Verantwortung, nicht nur an der Herrschaft.

c) Beide Entwürfe sind etwa zur gleichen Zeit entstanden, sie schätzen die Rolle der Religion in der Gesellschaft in ähnlicher Weise ein.

d) Beide verkünden ein öffentliches Wissen, das durch Wahrnehmungsausfall zum Geheimwissen wird.

4.3 Warum streiten Theorie und Praxis bei unserem Thema so heftig miteinander? Oder anders gefragt: Wann bekommt die demokratische Askese eine Chance? Beide Stimmen, die von Weizsäckers und die des Konzils, wurden gehört, indem sie vielfach gedruckt und verbreitet worden sind. Doch im zentralen Punkt blieben sie ungehört, wurden also überhört. Es hat nicht viel Widerspruch gegeben, weder da noch dort. Widerspruch setzt eine Wahrnehmung voraus, in diesem Fall fällt diese schlichtweg aus, sie wird zu einem glatten Vergessen, weshalb auch das Vergessen noch vergessen wird. Paulus beschreibt die Erscheinung auf klassische Weise. Als er vor den Athenern sprach und ihrem blinden Fleck nahe kam, winkten sie ab: »Darüber wollen wir dich ein andermal hören«.[11] An

Neue Erfahrung der Kirche

ein solches Überhören erinnert man sich später nicht einmal mehr. Weizsäcker bekundet auf eigene Weise, wie wenig er in seinem zentralen Punkt gehört oder gar verstanden worden ist: »Ist aber demokratische Askese überhaupt möglich? Gesehen habe ich sie noch nicht.«[12] Das wird uns später, in Kapitel sechs, als Frage angehen. Heißt demokratische Askese: Alle haben dem konsumorientierten Leben abgesagt? Oder: Nur einige wenige haben abgesagt, und die anderen erkennen diese Lebensform an, um mit dem eingeschränkten Leben auf der Erde versöhnt zu sein? In welcher Weise und mit welcher Wirkung das geschieht, ist dann die Frage. Vielleicht müssen künftige Gesellschaften viel mehr als bisherige auf erreichbare Güter verzichten, aber können sie es auch? Das wenige, das ich gesehen habe, reicht vielleicht für eine friedliche ökologische Balance unseres Planeten nicht aus.

Jedenfalls würde ich sagen, die Theorie der Kirche ist heute weit richtiger als in früheren Zeiten. Das gilt für die offizielle Ekklesiologie von *Lumen Gentium*, für das Zweite Vatikanische Konzil insgesamt und für die Folgedokumente. Natürlich schmeckt dem einen dies, dem anderen das nicht, aber nur wenige wünschen sich die Einseitigkeit des Vaticanum I aus dem 19. Jahrhundert zurück. Man kann sagen, ein solch ausgewogenes Verhältnis aller Glieder der Kirche, wie *Lumen Gentium* es bietet, hat es vorher nicht gegeben. Allerdings, das gilt für das Papier! Es ist merkwürdig: Das Konzil von 1962 bis 1965 wollte eine pastorale Synode sein, es wollte keine neuen Lehren verkünden, die theoretisch hätten sein müssen, dennoch ist es nicht zu einer pastoralen Belebung der Kirche gekommen. Ja, umgekehrt, in Europa ist die kirchliche Form der Religion seit 1965 geradezu kollabiert. Wie kommt das? Merkwürdige Erscheinung! In ihrer pastoralen Sendung will die Kirche sich der Welt öffnen, aber die Welt will plötzlich nichts mehr von der Kirche wissen und lässt sich gerade

Neue Erfahrung der Kirche

pastoral nicht mehr erreichen. Die Pastoral ist sehr lebendig gewesen in der Zeit nach dem Vaticanum II, doch nur in der Theorie, nicht in der Praxis. Und noch einmal dasselbe: Als die Theorie der Evangelischen Räte einseitig war und dem Ordensstand der andere Stand der Laien scharf gegenüber gestellt wurde, also die Theorie der Evangelischen Räte unausgewogen war, da gab es viele Ordensberufungen. Jetzt, da die Theorie ausgewogen ist, zieht die Lebensform niemanden mehr an, will niemand von ihr hören, mutet sich keiner dieses Leben zu. Je richtiger die Theorie, desto falscher die Praxis, und umgekehrt. Ist das zu fassen?

Noch ein dritter Punkt: Als die Kirche im 19. und anfänglichen 20. Jahrhundert ein Ghetto zu sein schien, gab es große Bekehrungen, von John H. Newman bis zu Edith Stein. Seitdem hat der Strom der Konversionen merklich nachgelassen. Eine Erklärung? Es ist, als ob der Mensch gespalten ist: Theoretisch fordert er die Offenheit und das Hören auf die Zeichen der Zeit, wenn es aber praktisch wird und die Entscheidungen zu fällen sind, bevorzugt er für sich selbst die Identität, die Leben verheißende darwinische Gesellschaft. Wenn das unverwechselbare Ich ins Spiel kommt, scheinen Theorie und Praxis in einen Wirbel zu geraten und ihre Plätze zu tauschen. Und dieser Widerspruch wird wenig bemerkt.

Nehmen wir das Beispiel von oben! Weizsäcker ist persönlich nie in Versuchung gewesen, für sich selbst die Brisanten Interessen in die Evangelischen Räte umzuwandeln, zumal das von ihm als einem evangelischen Christen auch niemand erwartet hätte. Da er der Sache fern genug stand, konnte er ohne Schmerzen ihre segensreiche Wirkung preisen. Beeindruckend ist auch die Beobachtung über die Erbsündenlehre eines Fernstehenden. Da er selbst vom Glauben an ihre Wahrheit nicht berührt war, konnte er die Erbsündenlehre loben, während zur gleichen Zeit die Theologen des 20. Jahrhunderts sie zu mindern suchten. »Ein traditionelles, bisher kaum erreichtes, geschweige denn übertroffenes Schema der Selbstbeobachtung war die Lehre über die Erbsünde gewesen. Es hatte, wenn nicht auf psychologischer, so doch auf kommunikativer Ebene zur moralischen Selbstverurteilung gezwungen und damit zur Mäßigung moralischer Kritik.«[13]

Theorie und Praxis drehen sich im Kreis. Die planende Vernunft steht zwar mit dem Leben in Verbindung, aber auf unberechenbare Weise. Die Vernunft ist wenig in der Lage, ihre Pläne in die Tat umzusetzen, weder kollektiv, noch individuell, weil vermutlich die kollektive Identität durch die individuelle Identität aufgebaut wird, nicht aber umgekehrt. Die soziologische oder gar die sozialistische Überzeugung der Neuzeit waren natürlich genau umgekehrt der Meinung: Du bist nichts, dein Volk ist alles! Oder deine Klasse ist alles. Oder deine Sippe ist alles! Ich meine aber, die Person des einzelnen Menschen, seine Freiheit, seine Berufung, das Verbrechen zu meiden und die Liebe zu suchen, also bei der Wahl des Nächsten keine Grenze zu ziehen, geht jeder kollektiven Strömung voraus. Die Person ist alles. Wer aber erreicht die sechs bis sieben Milliarden Einzelpersonen dieser Erde? Jedenfalls nicht die wissenschaftliche Vernunft. Selbst wenn alle möglichen theoretischen Fragen beantwortet sind, sind unsere Lebensprobleme noch gar nicht berührt.

Die Theorie der allgemeinen Vernunft versagt vor der individuellen Vernunft, die damit vielleicht zur größeren Vernunft wird, zur größeren Wirklichkeit. Wenn alle Wirklichkeit nur Natur wäre, die mit der Rationalität der Wissenschaft erfasst wird, dann würde die allgemeine Vernunft über die personale Vernunft triumphieren, wie es oft in der Neuzeit geschehen ist. Nun scheint es aber umgekehrt zu sein: Nicht alle Wirklichkeit ist nur Natur, und damit können Freiheit, Person, Gott zur ersten Vernunft aufsteigen. Wir sollten im eigenen, unvertretbaren Ich des Menschen den Ort seiner Umwandlung aufsuchen, seine Vernunft. Die einzelne Person ist die Rationalität des Irrationalen, wenn wir die Rationalität der Wissenschaften zugrunde legen. Aber Wissenschaft ist nicht die höchste Tätigkeit des Menschen, weil die Natur nicht die höchste oder letzte oder einzige Wirklichkeit ist. Umgekehrt wird Wissenschaft zu einem irrationalen Geschäft, wenn sie die Natur für alle Wirklichkeit hält. Das Ich, die Person, wird durch eine richtige, eine rationale Theorie im wissenschaftlichen Sinn, durch eine Theorie des Begreifens, noch nicht erreicht, weder durch eine ›demokratische Askese‹ noch durch eine Ekklesiologie der ›Evangelischen Räte‹. Ja, geradezu umgekehrt, die Theorie wird zum Ersatzleben, und angesichts der Notwendigkeit verstockt sich die Einsicht. So muss Jesaja reden: »Gehe, und sag diesem Volk: Hören sollt ihr, hören, aber nicht verstehen. Sehen sollt ihr, sehen, aber nicht erkennen. Verhärte das Herz dieses Volkes.« Wie lange soll das weiter so gehen, fragt Jesaja? Er erhält die schreckliche Antwort, die doch präzise und mit der Vernunft nachvollziehbar ist: »Bis die Städte verödet sind und unbewohnt« (Jesaja 6,10). Jesus wiederholt und bestätigt die Verstockung des Jesaja, als er seine verständnislosen Jünger belehrt (Matthäus 13,14). Er kehrt die Drohbotschaft zugleich in die Frohbotschaft der Seligpreisung um, weil sie die Welt verlassen haben, weil sie den Sinn des Leidens erkannt haben, weil sie auf der anderen Seite, auf der nicht-darwinischen Seite des Lebens stehen. Die Verwandlung geschieht, aber sie geschieht durch die Katastrophe hindurch: Bis die Städte verödet sind und unbewohnt.

Wie könnte die Verödung für die Industrieländer aussehen? Was ist für konsumtive Gesellschaften zu erwarten, welche die Erfahrung der Askese vergessen haben? Lange Zeit hat Weizsäcker den Ost-West-Konflikt für die Bruchstelle gehalten und angestrengt den atomaren Schlagabtausch erwartet. Heute scheint die nukleare Bombe in die zweite oder dritte Reihe gerückt zu sein. Dennoch erwartete er, wenn die religiöse Erfahrung in den westlichen Ländern weiter verblasst und

Neue Erfahrung der Kirche

der Sinn für die Askese gänzlich verschwindet, als Folge »dann schlicht die große Weltkatastrophe ..., die ich schon seit langem fürchte«. So 1993 in einem Brief an den späteren EKD-Vorsitzenden und Bischof Wolfgang Huber. Welche Weltkatastrophe? Lange Zeit drohte der konsumtiv-technischen Kultur der atomare Weltenbrand. Heute scheint die ökologische Gefahr größer zu sein. Deshalb könnte die moderne Gestalt der Katastrophe die Erschöpfung der natürlichen Ressourcen sein. Eine am Genuss orientierte Gesellschaft stieße damit direkt an ihre Grenze. Vielleicht aber gibt es für die Konsumgesellschaften noch ganz andere Gefahren, wie die Überfremdung und Verdrängung durch weniger konsumtive Gesellschaften. Diese haben zwar auch keine Einsicht, sind aber in der historischen Entwicklung noch um ein oder zwei Stufen zurück. Oder gibt es eine vierte und fünfte Gestalt der Katastrophe?

5. Die Ökumene in Ost und West

These V: Die orthodoxe Kirche hat die apostolische Tradition der Evangelischen Räte bis heute weitgehend aufbewahrt. Viele Protestanten haben sie am Ende der Neuzeit wieder neu entdeckt.

5.1 Die orthodoxen Kirchen sind ein Schatzhaus für alte Schätze. Sie bewahren viele altkirchliche Lehren und Riten unverändert auf, die in der westlichen Kirche einem vielfachen Wandel unterlegen sind. Da im Osten während des zweiten Jahrtausends kaum Synoden oder Konzilien abgehalten wurden, jedenfalls keine, die allgemeine Anerkennung gefunden haben, zeigt das christliche Leben in der östlichen Gestalt in vielen Punkten unverändert die Gestalt des ersten Jahrtausends an. Die Inkulturation, die der Westen von Rom aus immer wieder betrieben hat, mit jedenfalls dreizehn ökumenischen Konzilien allein im zweiten Jahrtausend, das letzte Konzil ging 1965 zu Ende, ist dort unterblieben. Der Osten kennt nur sieben allgemeine Konzilien bis zum Jahr 787, dann war Schluss. Dieses lang zurückliegende Ende aller Veränderungen bietet große Vorteile, nämlich Schätze in Form alter Gewohnheiten, aber auch einige Nachteile. Denn es ist die Frage, ob das äußerlich Gleiche unter geänderten Umständen auch gleich bleibt. Haben die gleiche Lehre und der gleiche Ritus in einem anderen Rahmen noch die gleiche Substanz?

Ich führe als schönes Beispiel für eine saubere Methode, auch als Beispiel für die Führung durch den Heiligen Geist, immer wieder die Lehre von der Transsubstantiation an. Wie ist die Eucharistie zu verstehen? Das erste Jahrtausend hat die

Lehre von der Wesensverwandlung nicht gekannt und musste sie nicht kennen. Obwohl diese Lehre im Anfang des zweiten Jahrtausends neu auftritt, ist sie dennoch keine Neuerung. Der Ernst der Eucharistie, die wirkliche Gegenwart Christi, war durch das Wort des hl. Augustinus, der das Sakrament ein ›sacrum signum‹ oder ›signum visibile‹ genannt hat[1], auch ohne Wandel der Substanz für zehn Jahrhunderte garantiert. Sacrum signum heißt heiliges Zeichen. Doch im elften Jahrhundert wurde Augustins Formel plötzlich falsch, wenn man sie nicht ergänzte. Berengar von Tours hatte um das Jahr 1070 das Sakrament ebenfalls ein Signum, ein Zeichen, genannt und sich dabei auf Augustinus berufen. Aber sein Signum war ein ›tantum signum‹, wie er sagte, das heißt, es sollte nur noch ein Zeichen sein, nichts weiter. Einen solchen Gegensatz zwischen Zeichen und Wirklichkeit hatte Augustinus nicht im Sinn gehabt. Die Formel Berengars klang noch nach Augustinus, aber sie hatte ihren augustinischen Inhalt verloren. Das Wort ›Zeichen‹ konnte die Wirklichkeit des Leibes Christi nicht mehr tragen, weil sich der Denkrahmen geändert hatte. Im vertikalen Denken des Augustinus ist das Signum das Zeichen und das Bezeichnete zugleich, im horizontalen Denken des Berengar meint Signum nur mehr das Zeichen als Bewusstseinsinhalt; jedoch das Bezeichnete als Seinsinhalt fällt weg. Deshalb sagte er, die Eucharistie sei bloß ein Zeichen, ein ›tantum signum‹.

Dagegen musste etwas geschehen, was einige Zeit gedauert hat. Die Kirche liebt das Festschreiben der Glaubenslehre nicht, weil sie den Streit nicht liebt. Deshalb vergingen einige Jahrzehnte, bis etwas geschah. Einige Theologen im zwölften Jahrhundert brachten schließlich die neue Redeweise der Transsubstantiation auf, weil nur so der alte Sinn bewahrt werden konnte. Erst 1215 wurde sie zur offiziellen kirchlichen Lehre. Dies zur Einübung auf den Sinn des Aggiornamento! Die gute Inkulturation spricht die Sprache der Zeit, aber sie entspricht nicht dem Geist dieser Zeit. Der Zeitgeist ist immer der darwinische Geist, er ist der Wille zum Festhalten des eigenen Lebens in der Konkurrenz; der Geist Christi will das Ende der Konkurrenz durch Entäußerung sehen, am Ende sogar mit der Bereitschaft, das eigene Leben zu verlieren. Und in der Folge entspringt die Liebe zum Nächsten.

5.2 Welchen Schatz also hat die Orthodoxie für uns in der Frage der Evangelischen Räte aufbewahrt? Ich meine, sie kann uns darüber aufklären, wie es mit der Askese der Geistlichen von der Zeit Jesu bis zum Jahre 691 stand. So können wir dem apostolischen Geist und vielleicht sogar dem Geist Jesu auf die Spur kommen. In diesem Jahr 691 und im folgenden Jahr fand im kaiserlichen Palast von Konstantinopel eine Synode statt, das sogenannte zweite Trullanum. Im Westen stieß die Synode auf geteilte Zustimmung, doch in der griechischen und später in der russischen Kirche, also in der ganzen Orthodoxie gilt diese Synode bis heute als Vollendung des östlichen Kirchengeistes. Vor allem hat sie die Praxis der Orthodoxie abschließend geprägt, weshalb kein weiteres allgemeines Konzil im Osten mehr stattfand. Die Gestalt war festgelegt.

Wir können mit dem Trullanum auf die Spur der apostolischen Regel kommen, also auf die Lehre und Praxis der Kirche in Sachen der geistlichen Askese von frühesten Zeiten an. Was hat Jesus gemeint? Was haben die Apostel gelehrt? Wie hat die Kirche diesen Geist in Raum und Zeit weitergetragen? Ich meine, die Regel lautet, und in ihr ist der apostolische Geist der Askese aufbewahrt: Priester heiraten nicht, aber Verheiratete können Priester werden, unter Umwandlung der Ehe. Die Umwandlung kann vieles bedeuten, sie geht aber natürlich in die Richtung der Evangelischen Räte, denn das Nicht-Festhalten am Ich, das ist der Sinn der geistlichen Askese. Also keine Ehe für Priester, oder eine in geistliche Askese gewandelte Ehe, wenn der Priester verheiratet war, bevor ihn der Ruf Christi traf.

Übrigens gibt unser Satz nicht ganz die Praxis des Trullanum wieder. In Kanon 6 der Synode von 691 heißt es nämlich: »Wer in den Klerikerstand eintreten und gesetzlich verheiratet sein will, bevor er zum Subdiakon, Diakon oder Priester geweiht ist, kann es tun.« Nach dieser Regel heiraten zwar die Priester nicht, aber Verheiratete können die Priesterweihe empfangen, und von ihnen wird keine Umwandlung der Ehe nach der Weihe verlangt. Was aber manchmal bis in unsere Tage dennoch geschieht, wenn der orthodoxe Priester und seine Frau nach dem ersten Kind beschließen, diese Umwandlung vorzunehmen, was ein weiterer Hinweis auf den ursprünglichen Geist unserer Apostelregel ist. Ja, die Synode ging eher in die andere Richtung, denn sie verbot, die Ehefrauen unter religiösem Vorwand fortzuschicken, was eine großzügige Geste sein kann, wenn man sich das Los einer unversorgten Frau in der damaligen Zeit vorstellt.

Die apostolische Regel ist auch nicht ganz die Praxis des Westens geworden. Denn diese forderte schon von biblischen Zeiten an die Umwandlung der Ehe. Auch wurden zunehmend im Westen nur noch Unverheiratete geweiht, wodurch das Problem der Umwandlung entfiel. Die Frage ist: Wo ist der Geist Christi besser aufbewahrt?

Also, dies lehren Osten und Westen gemeinsam: Eine besondere Eheregel für Geistliche, die sich von derjenigen der Laien unterscheidet, gibt es immer und überall in der Kirche. Die Heirat eines Geistlichen fand niemals statt, oder sie wurde als eine Monströsität empfunden. Der edle Tübinger Historiker Möhler kann ausrufen: »Daher finden wir in keiner Lebensbeschreibung eines alten Bischofs oder Priesters ein Trauungs- oder Hochzeitsfest, und wir geben unserem gelehrten Gegner auf, eines zu finden.«[2] Nach oben hin, zu den Bischöfen, wird die Regel schärfer, nach unten hin, zu den Diakonen

Die Ökumene in Ost und West

und zu anderen Diensten hin, wird sie lockerer. Mit Geistlichen sind alle Leute in der Kirche gemeint, die mit einem Amt betraut sind, also diejenigen, die man vielleicht heute die Hauptamtlichen nennen würde. Der Evangelische Geist, der Geist des Evangeliums, der in Christus verkündet hat, das Reich Gottes ist nahe, legt Beruf und Ehe für diejenigen nahe, die in der Welt leben, und Enthaltsamkeit und Evangelische Räte für diejenigen, die im Namen Christi das Wort verkünden und die Sakramente spenden. Oder kurz: Wer im Namen Christi handelt, soll auch nach der Weise Christi leben. Jedenfalls unterscheidbar von der Weise der Welt, in der die Brisanten Interessen das Leben prägen. Wie wir das oben schön in der Stufung der Bergpredigt gesehen haben! An die Jünger sind die vollen Forderungen gerichtet, weil diese für sie keine Forderungen mehr sind, da die Jünger die Welt schon verlassen haben, das heißt nicht mehr im Kampf ums Dasein stehen. An die Massen sind sie in der Weise gerichtet, wie wir das in der Bergpredigt oder in *Lumen Gentium* gesehen haben. Alle Glieder der Kirche hören sie, ohne sie ganz zu befolgen, doch die Erkenntnis der Brisanten Interessen und ihr Gegenmittel in den Evangelischen Räten helfen ihnen, ihre christliche Berufung besser zu leben.

Nehmen wir drei oder vier Stationen auf dem Weg zum Trullanum in den Blick, um den Apostolischen Geist in Wirkung zu sehen.

Wir können beim Apostelfürsten Petrus beginnen. Er ist der erste, der Urtyp des Hauptamtlichen in der Kirche. Darum auch muss er seinen Namen Simon hergeben, wie er sein ganzes Leben schon hergegeben hat, damit er jetzt Petrus, der Fels der Kirche werden kann. Und Simon, der Petrus, war verheiratet! Wir wissen es sicher: Der erste Amtsträger, der erste Papst, hatte eine Frau, und er war nicht der letzte, wie wir gleich sehen werden. Wir kennen die Schwiegermutter des Simon zwar nicht mit Namen, aber mit einer Krankheit, da sie einmal vom Fieber geplagt war und im Bette lag, wie es bei Markus im ersten Kapitel heißt. Ist das nicht das stärkste Argument gegen die Verbindung von geistlichem Amt und Evangelischen Räten in der Kirche? ›Es geht doch auch ohne ganz gut, wie man gleich zu Anfang beim ersten Papst sieht. Wie kann die Kirche bloß eine Verpflichtung daraus machen! Wie kann sie es wagen, eine so tief innere persönliche und geistliche Erfahrung in eine rechtliche Form zu bringen!‹ So die Empörung; und das Argument würde durchschlagen, wenn es bei dem Stand der Dinge geblieben wäre.

Aber auf das erste Kapitel bei Markus folgt das zehnte Kapitel. »Da sagte Petrus zu ihm: Du weißt, wir haben alles verlassen und sind dir nachgefolgt. Jesus antwortete: Amen, ich sage euch: Jeder, der um meinetwillen und um des Evangeliums willen Haus oder Brüder, Schwestern, Mutter, Vater, Kinder oder Äcker verlassen hat, wird das Hundertfache dafür empfangen: Jetzt in dieser Zeit wird er Häuser, Brüder, Schwestern, Mütter, Kinder und Äcker erhalten, wenn auch unter Verfolgungen, und in der kommenden Welt das ewige Leben.«

Ich weiß nicht, ob wir dem Wort Jesu hier die Ehre erweisen, wenn wir genau hinsehen, um das eine oder andere Gut herauszurechnen, weil eine Ehefrau nicht ausdrücklich genannt ist. Kann ich sie bei dem Verlassen der Welt vielleicht doch behalten? Auch das Geld ist nicht genannt; sollen die Jünger es nicht hergeben, obwohl sie sonst alles hergegeben haben? Wer so die Worte Jesu versteht, der ist in einem kleinlichen und peinlichen Schielen gefangen, wobei er die Mücken aussiebt und die Kamele verschluckt.

Genau hinhören sollten wir aber schon, doch nicht auf die Kleinigkeiten, sondern auf die Hauptsache. Und wichtig, übrigens auch für das Trullanum, ist der Zeitpunkt. Was tun wir, wenn uns der Ruf Christi trifft? Was haben wir vorher getan? Was werden wir in Zukunft tun? Hier ist nur eine Antwort möglich: Vorher haben wir nach der Art der Welt gelebt, da ging es uns um unsere Interessen, mir und meinen Freunden; ich nehme an, auch meinen Feinden geht es darum. Jetzt aber, Herr, nachdem Du mich mit Deinem Wort getroffen hast, bin ich vom Platz des Kampfes ums Dasein zur Seite getreten. Eben deshalb haben wir alles verlassen und sind dir nachgefolgt, weil wir den Krieg der Welt und deinen Frieden gesehen haben.

Von ferne grüßt Darwin in diesen Worten des Petrus, weil die Evolutionslehre den Kampfplatz so präzise beschrieben hat, weshalb wir ihn auch so präzise verlassen konnten. Vielleicht ganz langsam nur: erst in Gedanken, dann in Worten, dann in Werken. Die Präzision ist überraschend: Die Brisanten Interessen der Evolution, die im Menschen als Macht, Geschlechtlichkeit und Geld erscheinen, entsprechen genau den Evangelischen Räten, die lange vor der Evolutionslehre, also ohne Kenntnis von deren Widersprüchlichkeit, in eine Lebensgestalt gebracht wurden.

Der Zeitpunkt also entscheidet. Er verleiht den Evangelischen Räten ihren Sinn. Eben das kann man auch beim Apostel Paulus und seinen Nachfolgern sehen. Sie zählen strenge Bedingungen für die Zulassung zum Amt in der Kirche auf, streng im Sinne der Differenz zur Welt. Dazu gehört von Anfang an eine Ehelosigkeitsregel für die Hauptamtlichen in der Kirche: Wer verheiratet ist, soll es nur einmal gewesen sein, sonst ist er für einen Dienst in der Kirche nicht geeignet. Und zwar muss die Ehe vor dem Ruf Jesu zustande gekommen sein. Diese Einzigkeitsregel gehört nach dem 1. Timotheusbrief zu den Eignungsbedingungen für die Bischöfe und Diakone sowie im Brief an Titus zu den Bedingungen für die Presbyter. Das heißt: Nach der Übernahme eines Amtes wird nicht mehr geheiratet, wenn schon, dann vorher, allerdings nicht vor der Weihe, sondern bevor mich der Ruf Christi getroffen hat.

Von Beginn an wurde also der Aufruf Jesu zum Verlassen von Haus, Brüdern, Schwestern, Mutter, Vater, Kindern oder

Äcker gelebt, allerdings niemals ohne Kompromisse, denn diese zeigen die Schwerkraft der Erde und die Unverfügbarkeit der Gnade an. Die geistliche Askese rückte zunehmend enger an das kirchliche Amt, wodurch sich zunehmend die Ehemoral der übrigen Christen, bei allem Ernst ihres Lebens, vom Klerikerleben unterschied. Bald galt die Einzigkeitsehe nur noch für Kleriker: Heirat vor Übernahme des Amtes ja, aber höchstens einmal vorher, als der Ruf noch fern war, nachher nein. Die Laien konnten nach dem Tod des Ehepartners wieder heiraten. Diese Regel kann man als Versuch zur Verwirklichung des Rufes Jesu unter den Bedingungen einer sich ausbreitenden Kirche ansehen. Wen das Evangelium von der Verwandlung noch nicht erreicht hatte, der lebte auch unverwandelt in den Gewohnheiten der Welt. Wenn er sich im Laufe seines Lebens aber dem Evangelium zugewandt hatte, gab es für ihn die Pflichten der Nächstenliebe, die es ihm verwehrten, seine Familie im Stich zu lassen. Genauso hatten die Apostel gehandelt. Aber nach der Bekehrung noch in den Sehnsüchten und Sorgen der Welt befangen zu sein, noch einmal also heiraten, das konnte nicht als Christusmerkmal dienen. Wie kann man die Jesusnachfolge vollständig nennen, wenn einer so lebt, als ob die Welt noch lange fortbesteht? Sollte man nicht lieber jene Männer mit einem Amt, also mit der Repräsentation Jesu betrauen, die das Leben Jesu genau und ganzheitlich nachleben?

Die geistliche Ehelosigkeit machte von der Urkirche zur Großkirche einen ziemlichen Wandel durch. Die Unikatsregel für die Laien entfiel mehr oder weniger, schon aus praktischen Gründen. Die Heirat, das eheliche Zusammenleben und eine große Familie wurden mit der nachlassenden eschatologischen Spannung nicht mehr als Widerspruch zum Christsein empfunden. Die Welt würde noch lange bestehen, also musste man sich in ihr einrichten. Dazu gehörte ein geordnetes Leben in Ehe und Familie. Es musste ja weiter gehen! Die Eschatologie Christi wandelte sich zur Ethik des guten Christenmenschen. Wie in einer kommunizierenden Röhre und in Stellvertretung für die abnehmende Naherwartung wurde die geistliche Askese der Kleriker eindeutiger. Die Askese ist die Radikalität des Evangeliums ohne Endzeiterwartung. Mit dem quantitativen Wachstum waren die strengen Eheregeln für die vielen Leute in der Kirche nicht mehr plausibel, zum Ausgleich konzentrierte sich der Ruf Jesu zum unbedingten Leben bei den Klerikern und Mönchen. Bei diesen wurde er immer eindeutiger. Denn es blieb nicht bei der Unikatsehe und der Forderung, als Kleriker nicht mehr zu heiraten. Daneben trat eine dritte Gestalt der Askese. Überall kam im 4. Jahrhundert die Forderung auf, die Kleriker sollten, wenn sie schon in einer Ehe leben, wenigstens enthaltsam sein. Die Nachrichten über eine Synode in Elvira um 300 in Spanien sind sehr ungewiss, weshalb man sie kaum als erstes Gesetz für die geistliche Askese bezeichnen kann, aber sie sind ein Zeichen dafür, wie sehr dasjenige, was bis zu Konstantin kostbare und seltene Erfahrung war, unter den Bedingungen der staatlichen Kirche mehr und mehr in Rechtsform gegossen wurde. Das kann man beklagen. Aber die rechtliche Form ist der einzige Weg, die Identität der wachsenden Kirche, deren Anteil an echten religiösen Berufungen natürlich zurück ging, aufrecht zu erhalten. Die Zahl der echten Homines religiosi ist zu allen Zeiten sehr gering. Die Kirche wuchs schnell, die Erkenntnis Gottes aber nur langsam. Was auch der Grund für das Bündnis mit Konstantin gewesen sein mag. Da sie sich einmal dazu entschlossen hat, aus einer Elite- zu einer Volkskirche zu werden, musste die geistliche Erfahrung auch in eine Rechtsform gegossen werden. Das Recht bewahrt die erleuchteten Momente für den grauen Alltag und für die vielen auf, die keine religiösen Virtuosen und nur mäßig für Gott begabt sind.

Die im Zuge der Verrechtlichung erlassenen kultischen Vorschriften symbolisieren den Gegensatz zwischen Ich-Erhaltung im geschlechtlichen Leben und Ich-Entäußerung im Opfer, das eine triebhaft und natürlich, das andere aus Einsicht und aus Widerspruch zur Natur. Das Opfer, das darin besteht, seine Triebe zu kontrollieren oder aufzugeben, ist nur in dem Falle überflüssig, wenn der Trieb ein indifferentes Gut wäre, das unbeteiligt an der Selbsterhaltung des Menschen ist und seine Brisanten Interessen nicht berührt. Auch ein isoliertes Verlangen, das gar nicht an die Weitergabe des Lebens denkt, dient nur den Brisanten Interessen, nicht aber dem Wachstum der Liebe. In diesem Falle müsste eine konsequent fortschrittliche Pädagogik alle Scham und Scheu aberziehen oder auf ein funktionales Maß begrenzen.

Aber so neutral ist der Trieb wohl nicht, ganz im Gegenteil! Selbst Essen und Trinken sind Ausgangspunkte der religiösen Erfahrung, wie das Fasten zeigt, das in allen Kulturen verbreitet ist. Auch in der Nahrung geht es um die Sorge für das bedrängte und bedrohte Ich. Wer Opfer, Fasten und Enthaltsamkeit mit den Namen Dualismus oder Manichäismus qualifizieren und sie dem semitischen und jesuanischen Verhalten absprechen will, legt weniger ein Zeugnis für eine fortschrittliche Gesinnung, als für seine Blindheit gegenüber dem allumfassenden Phänomen der Askese an den Tag. Der Mensch hat nur ein einziges natürliches Interesse, die Selbsterhaltung, aber alle seine Bemühungen in diesem Punkte führen zu nichts: Du wirst sterben, du wirst dich nicht selbst erhalten. Kein Wunder, wenn die Ethik Jesu tief vom asketischen Geist getränkt ist, denn er lebt nicht mehr in der Welt der Begierde, soll heißen in der Angst um sein Leben. Das zeigen sein Aufenthalt in der Wüste, seine nächtlichen Gebete, seine Reden über den Gegensatz von Fleisch und Geist. Aber es ist bei ihm eine reif gewordene Askese, eine, die nicht schwitzt und stöhnt, die nicht zum Ziel hin will, sondern im Ziel lebt. Deshalb isst und trinkt er, sehr in Maßen wahrscheinlich, und lässt sich als Fresser und Säufer beschimpfen. Das erreichte Ziel nimmt der Askese die Härte, auf der sie zu Anfang notwendig bestehen muss. Diese vollendete Askese ist wohl der Sinn der kultischen Reinheit, die der Priester nicht nur periodisch, sondern immer, jeden Tag, aufbringen soll. Die beständige kultische Distanz zu den Brisanten Interessen ist das Symbol, besser noch die Realisierung der reif gewordenen Askese. Reinheit ist die Distanz zur Welt der Begierde, deshalb wird sie von der Welt verlacht. Sie lebt von einem Frieden, den sich die Welt nicht selbst geben kann, den sich die Welt nicht einmal vorstellen kann.

Hier kann man natürlich die Frage stellen: Ist das nicht einfach Buddhismus? Meine Antwort lautet: Warum nicht! Christentum ist zur Hälfte Buddhismus, nämlich indem der Gläubige der Welt abstirbt. Aber die andere Seite, die positive Seite des Lebens kennt der Buddhismus nicht. Alles Leben ist nämlich nicht nur Leiden, sondern auch Freude am Dasein, wenn die Konkurrenz nicht mehr vorhanden ist. Und die Befreiung von der wohl darwinisch zu nennenden Konkurrenz gibt es durch die Auferstehung – in diesem Leben und nach diesem Leben.

5.3 Gibt es eine neue Beachtung der Evangelischen Räte auch im protestantischen Bereich? Nicht nur die ökumenische Freundlichkeit lässt mich so fragen, sondern auch die Wirklichkeit, die ich dort angetroffen habe. Ich würde auf meine eigene Frage antworten: Ja, und zwar als Neuentdeckung eines verlorenen Schatzes.

Die Reformatoren hatten zu ihrer Zeit wohl einheitlich das Ordenswesen und das geistliche Leben als nicht übereinstimmend mit dem Evangelium abgelehnt. In seiner deftigen Sprache ruft Luther 1533 aus: »Ist je ein Mönch in den Himmel gekommen durch Möncherei, so wäre ich auch hineingekommen«(WA 38,143). Und Calvin hatte mit hartem Besen alle Mönche und Nonnen aus Genf vertrieben.

Dennoch, ein Bedürfnis nach einer geistlichen Lebensform hat wohl auch im reformatorischen Bereich immer bestanden, wenn man etwa an die Puritaner in England denkt und an die ordensähnlich funktionierenden Soldaten Cromwells. Oder an die Stillen im Lande, an die Pietisten und den Pietismus im kontinentalen Europa. Diese und ähnliche Bewegungen sind wohl dem Gefühl einer mangelnden Frömmigkeit entsprungen, sie wollten eine gewisse praktische Aktivität im Bereich der Religion an den Tag legen, die nach der Theorie eigentlich nicht möglich war. Frömmigkeit als Wille zur Heiligung des eigenen Lebens hatte den Reformatoren zu sehr nach Werkgerechtigkeit geklungen, welche der Gerechtigkeit aus dem Glauben im Wege stand. »Nach Luther ist unter Juden und Heiden nicht so viel Götzendienst geschehen wie durch die Messe als Opfer unter den Christen.«[3] Noch heftiger fällt der Angriff gegen das Opfer der hl. Messe auf reformatorischer Seite aus. In der Frage 80 des *Heidelberger Katechismus* heißt es: »Und ist also die Messe nichts anderes denn eine Verleugnung des einigen Opfers und Leidens Jesu Christi und eine vermaledeite Abgötterei.« Deshalb wurden kaum noch Gottesdienste gefeiert, und wenn, dann in der passiven Form bloßen Zuhörens. Hegel hat das Dilemma, das daraus entspringt, am eigenen Leib erfahren und mit genauen, ja genialen Worten beschrieben. Da die religiöse Betätigung immer gleich lautet, sagt er, so würde sie auf die Dauer langweilig werden. Man macht daher die Sache mit der Einräumung, Gott habe alles gemacht, ein für alle Mal ab, um im Lauf des Lebens nicht weiter daran zu denken. »Jene Einräumung kann dann nur darum gemacht zu sein scheinen, um davon loszukommen, auch etwa, um nach dieser Seite gleichsam als nach außen gedeckt zu sein, kurz, es kann dabei ernst sein oder auch nicht.«[4] Der Gläubige lebt wie der Ungläubige, sie tun beide nichts in Richtung auf Gott, der eine aus Glauben, der andere aus Unglauben.

Die Ökumene in Ost und West

Und mit dem Opfer der hl. Messe fiel auch das Opfer des eigenen Lebens im Ordensleben und der Evangelischen Räte fort. Damit bog der westliche Protestantismus, eben mit Ausnahme vielleicht der Puritaner und der Pietisten, von der gemeinsamen Linie der West- und Ostkirche weitgehend ab, die für anderthalb Jahrtausende nach Heiligung auch im persönlichen Leben durch eine geistliche Lebensführung gesucht hatten. Hier muss ich sagen: Luther und die anderen Reformatoren waren im Recht! Mit der Anthropologie und Philosophie der Neuzeit lässt sich ein geistliches Leben nicht rechtfertigen. Es muss wie ein überflüssiges Werk aussehen oder sogar wie ein Missbrauch, woraus der Zorn gegen die Messe als Götzendienst und vermaledeite Abgötterei verständlich wird.

Die Reformatoren konnten mit Recht keinen Sinn in der geistlichen Askese sehen. Luther war zu sehr von der sündhaften Natur des Menschen überzeugt, die sich nicht heilen lässt: »Der Mensch kann natürlicherweise nicht Gott als Gott wollen, vielmehr will er selber Gott sein und nicht etwa Gott als Gott« (WA 1, 225). Die Trennung von Subjekt und Subjekt, die scharf betonte Endlichkeit der Individuen ohne verbindendes Band, ihre gegenseitige Einsamkeit, steigert sich zur Konkurrenz von Mensch gegen Gott und von Mensch gegen Mensch, sie wird zur universalen Bestimmung des Lebens zu allen Zeiten und an allen Orten. Deshalb bleibt die Konkurrenz zu Gott auf immer bestehen, aber auch die Konkurrenz zu den Mitmenschen. Nur wenn ich mich mit dem Blick auf das Kreuz Christi vernichten lasse, wird die Rivalität für einen Augenblick aufgehoben. Eine Heilung der menschlichen Natur ist aber in einer solchen Anthropologie nicht möglich. Deshalb kann es in dieser Sichtweise keine allgemeine Berufung zur Heiligkeit in der Kirche geben, deshalb gibt es keine Heiligen, und eben deshalb keine Evangelischen Räte für die Hauptamtlichen in der Kirche.

Die berühmten Sprüche Luthers sind auf Anhieb verständlich: »Simul iustus et peccator!« Der Mensch wird vor Gott und von Gott gerechtfertigt. Er bleibt aber in der Welt zugleich ein Sünder, weil er von Natur aus, man könnte sagen, von Darwin her, den Kampf ums Dasein nicht verlassen kann. Oder auch der Spruch: »Die Ehe ist ein weltlich Ding!« Der Geschlechtstrieb, wie auch die Triebe von Macht und Geld sind in einer Anthropologie der getrennten Subjekte nicht heilbar, und deshalb sind Evangelische Räte als Hilfsmittel gegen solche Triebe nicht sinnvoll. Das Verlangen nach Selbständigkeit des einzelnen Lebens war in der Neuzeit einfach zu groß gewesen. Deshalb hat es zwar in der gesamten Neuzeit ein Verlangen nach nationaler oder auch internationaler Einheit gegeben, doch die Bewegungen zum Sozialismus hin sind alle gescheitert. Eine vom Menschen gemachte Einheit kann es nicht geben, wenn sie nicht schon dem Menschen gegeben ist, wenn er nicht von Gott her im Nächsten seinen Bruder oder seine Schwester erkennt.

Und zum dritten der Spruch: »Etsi Deus non daretur.« Luther gab den Ratsherren zu Riga, die an ihn geschrieben hatten, diesen Rat: Die Obrigkeit möge »alles thun, was yhrem ampt gepürt« und sich dabei »eben stellen, alls were keyn Gott da – Etsi Deus non daretur« (WA 15, 373).

Die Natur des Menschen war für ihn und wohl für alle Reformatoren unwandelbar, wobei sie durchaus vielleicht etwas anderes gewünscht hätten, wenn es machbar gewesen wäre. Denn der in der Welt lebende Mensch ist ihnen ja ein Sünder, der vor Gott gerecht werden kann, der aber über seinen zugleich sündigen Zustand in der Welt nicht hinaus kommt.

Ich meine, diese Ablehnung der Askese im protestantischen Bereich hat sich am Ende der Neuzeit gemildert, zum Teil kann man auch von einer Umkehr und Neuentdeckung des geistlichen Lebens sprechen. So sehr man die Blockierung dieses Lebens im protestantischen Bereich verstehen kann, so sehr kann man auch die Neuentdeckung verstehen. Ich will sie an zwei Beispielen zu zeigen versuchen, einmal mehr theoretisch an Albert Schweitzer, dann mehr praktisch an der Bewegung von Taizé, die Roger Schutz angestoßen hat.

Albert Schweitzer ist für mich ein erstes zögerliches Beispiel, wie sich auch im protestantischen Bereich die lebensverwandelnde Kraft bemerkbar macht, die sich in einem heiligmäßigen Leben zeigt. Albert Schweitzer konnte im 20. Jahrhundert zum Symbol einer Nächstenliebe werden, welche die Kraft zu ihrem Werk aus dem Evangelium Christi schöpft. Schon 1905, bevor er nach Lambarene aufbrach, hatte er Jesu Religion der Liebe erkannt, die allerdings, wie er meinte, in der Weltanschauung der Weltenderwartung auftritt. »Die spätjüdisch-messianische Weltanschauung ist der Krater, aus dem die Flamme der ewigen Religion der Liebe hervorbricht.« Dagegen stand für ihn jedoch ein kräftiges Aber: »In den Vorstellungen, in denen Jesus sie verkündete, können wir sie nicht zu der unsrigen machen, sondern müssen sie uns in diejenigen unserer neuzeitlichen Weltanschauung übertragen.«[5]

Schweitzer glaubte der Liebesreligion Jesu, und er sah auch, wie sehr sie an den besonderen Ruf Jesu vom Weltende gebunden war: »Das Reich Gottes ist nahe.« Wenn die Weltordnung sich völlig ändert, dann kann ich auch meinen Lebensstil ändern, der bisher von der Sorge um mich selbst bestimmt, also von den Brisanten Interessen gelenkt war. Das Ende der Welt wäre auch das Ende meiner Sorgen. Ja, schon das nahe Ende der Welt würde meine Sorgen beenden, denn ich muss ja nur deshalb in Sorge um mich selbst sein, weil die Zeit so lang ist, in der ich mich auf der Erde erhalten muss.

Hier stellt sich für Albert Schweitzer vor 100 Jahren ein Problem, das auch weithin für Leute von heute noch ein Problem ist. Ich weiß, was ich glauben müsste, damit die Liebe in mir erwacht, ich kann aber vernünftigerweise nicht an die Voraussetzung der Liebe glauben, nämlich an das Ende der Welt.

»Wir haben noch keinen Ausgleich zwischen modernem Denken und Geschichte, sondern immer nur zwischen halbem Denken und halber Geschichte. Was es sein wird, dieses Definitive, das kommenden Jahrhunderten neues Leben und neue Regeln bringt, wissen wir nicht. Wir ahnen nur, es wird die Tat eines einzigartigen gewalttätigen Geistes sein.«[6]

Das Problem ist durch das moderne Denken erzeugt worden, durch die sogenannte neuzeitliche Weltanschauung. Die Erde wird, soweit wir wissen, noch Millionen von Jahren um eine ebenso lange Zeit stabil existierende Sonne kreisen. Wie soll unter solchen Umständen das Ende der Zeit nahe sein? Zudem lebte Albert Schweitzer noch im mechanischen Geist der Neuzeit, der für eine freie Tat des Menschen, die gar zur Liebe führen sollte, eigentlich keinen Raum offen ließ. Diese beiden theoretischen Probleme hinderten ihn aber nicht, dem Wort Jesu von der Liebe zu glauben, nämlich in praktischer Hinsicht. Er ließ die theoretische Theologie hinter sich, studierte Medizin und half den Kranken im afrikanischen Lambarene. Eine seltene Erscheinung, die nicht glauben kann und dennoch glaubt und aus dem Glauben handelt!

Das kann man Aufmerksamkeit nennen, vor allem aber möchte ich die Erwartung eines unbekannten Definitiven für die kommenden Jahrhunderte eine ganz große Hellsicht Schweitzers nennen. Die Wissenschaft hat sich inzwischen vom mechanischen Ideal befreit, sie kann so etwas zulassen wie einen Einbruch und ein definitiv neues Ereignis in der Zeit. Bisher waren nur Novitäten möglich, neue Ereignisse, die alle im voraus sollten berechnet werden können. Deshalb waren theoretisch keine Freiheit und keine Liebe möglich. Das hat sich jetzt geändert in einer nicht mehr mechanischen Physik und in einer nicht mehr mechanischen Evolutionslehre. Ob man dies die Tat eines einzigartigen gewalttätigen Geistes nennen sollte? Ja, vielleicht, und für viele Leute, die lange Zeit am mechanischen Weltbild gehangen haben und zum Teil heute noch hängen, war es eine große und fremde Gewalt, die ihre Weltsicht zerstört hat.

Auf der anderen Seite dieser Tat steht eine so zarte Pflanze wie die Gemeinschaft von Taizé. Sie wäre in früheren Jahrhunderten im protestantischen Bereich undenkbar gewesen. Natürlich hat der Prior und Gründer von Taizé, Roger Schutz, nicht erst die Quantentheorie studiert, um sich von der mechanischen Anthropologie zu befreien, die auf der Erde nur die Konkurrenz kannte. Aber auf wenig bekannten Wegen, durch unbewusste Kanäle der Kommunikation teilt sich der Geist einer Zeit allen wachen Geistern dieser Zeit mit. Wie ja auch Luther und die Reformatoren vor Jahrhunderten unter den nominalistischen, besser mechanischen Geist geraten waren, ohne selbst mechanische Wissenschaften zu betreiben.

Jedenfalls wird explizites geistliches Leben jetzt möglich, das eine Verwandlung des natürlichen Ich durch die Evangelischen Räte anstrebt. So heißt es in der Regel von Taizé: »Die Ehelosigkeit soll kein Zwang sein, sondern ein freudig geleistetes Opfer, ein Weg, um Christus und die Brüder um so mehr zu lieben: Wenn die Ehelosigkeit es ermöglicht, sich in größerem Maße der Sache Gottes zur Verfügung zu stellen, so kann sie doch nur angenommen werden, um sich desto mehr dem Nächsten hinzugeben mit dem Herzen Jesu selbst. Ehelosigkeit bedeutet weder Abbruch aller menschlichen Zuneigung noch Gleichgültigkeit, sondern Reinigung unserer natürlichen Liebe. Christus allein bringt in einem Bruder die Verwandlung der sinnlichen Leidenschaften in völlige Nächstenliebe zustande.«

Zum zweiten Element der Räte, der Armut, sagen die Regeln: »Die Gütergemeinschaft ist vollständig. Glaube nicht, wenn du ein sehr persönliches Geschenk erhältst, davon entbunden zu sein, es abzugeben. Die Loslösung von den kleinen Dingen bleibt schwer bis ans Ende. Die Kühnheit, alle Güter zum Besten zu gebrauchen ohne Angst vor der Armut, gibt eine unglaubliche Kraft. Armut ist keine Tugend an sich. Der Geist der Armut nach dem Evangelium ist das Leben ohne Sicherung des Morgen, in der freudigen Gewissheit, es wird gesorgt sein.«

Und zum Gehorsam, dem dritten Element: »Die geistliche Leitung der Gemeinschaft ist dem Prior anvertraut. Er stiftet die Einheit in der Brüderschaft. Ohne die Einheit im Geist gibt es keine Hoffnung auf eine kühne und vollständige Hingabe im Dienste Jesu Christi. Der Individualismus zersetzt die Brüderschaft und hemmt sie auf ihrem Weg. Die Brüder sollen ihm gegenüber freimütig sein, aber seinem Amt gegenüber achtsam und daran denken, wie sehr der Herr ihm einen Auftrag anvertraut hat.«

6. Die neu-alte Lehre

These VI: Die Gnade ist notwendig für den Menschen, damit er von seinem darwinischen Egoismus befreit wird. Das Bekenntnis zu den Evangelischen Räten gehört zum Glauben aller Glieder der Kirche.

6.1 Goethes Lob auf die Sakramente aus dem siebenten Buch seiner Lebensbeschreibung *Dichtung und Wahrheit* ist wenig bekannt. Bekannter ist Goethe für seine Naturstudien über die Urpflanze und den Regenbogen, doch auch im Fall des sakramentalen Lebens ist er beredt wie kein zweiter und auf wunderliche Weise in den Kosmos der Gnade eingedrungen. Dabei hatte er sich schon in seiner Jugend vom kirchlichen Leben verabschiedet. Wie fast immer in Sachen des Glaubens und der Gnade so auch hier: Das Lob der Kirche wird von außen gesungen.

»In sittlichen und religiösen Dingen ebensowohl als in physischen und bürgerlichen mag der Mensch nicht gern etwas aus dem Stegreife tun. Eine Folge, woraus Gewohnheit entspringt, ist ihm nötig; das, was er lieben und leisten soll, kann er sich nicht einzeln, nicht abgerissen denken, und um etwas gern zu wiederholen, muss es ihm nicht fremd geworden sein. Fehlt es dem protestantischen Kultus im ganzen an Fülle, so untersuche man das einzelne, und man wird finden: Der Protestant hat zuwenig Sakramente, ja er hat nur eines, bei dem er sich tätig erweist, das Abendmahl. Denn die Taufe sieht er nur an anderen vollbringen, und es wird ihm nicht wohl dabei. Die Sakramente sind das Höchste der Religion, das sinnliche Symbol einer außerordentlichen göttlichen Gunst und Gnade. In dem Abendmahle sollen die irdischen Lippen ein göttliches Wesen verkörpert empfangen und unter der Form irdischer Nahrung einer himmlischen teilhaftig werden. Dieser Sinn ist in allen christlichen Kirchen ebenderselbe, es wird nun das Sakrament mit mehr oder weniger Ergebung in das Geheimnis, mit mehr oder weniger Akkommodation an das, was verständlich ist, genossen. Immer bleibt es eine heilige, große Handlung, welche sich in der Wirklichkeit an die Stelle des Möglichen oder Unmöglichen, an die Stelle desjenigen setzt, was der Mensch weder erlangen noch entbehren kann. Ein solches Sakrament dürfte aber nicht allein stehen. Kein Christ kann es mit wahrer Freude, wozu es gegeben ist, genießen, wenn nicht der symbolische oder sakramentalische Sinn in ihm genährt ist. Er muss gewohnt sein, die innere Religion des Herzens und die der äußeren Kirche als vollkommen eins anzusehen, als das große allgemeine Sakrament, das sich wieder in soviel andere zergliedert und diesen Teilen seine Heiligkeit, Unzerstörlichkeit und Ewigkeit mitteilt.

Hier reicht ein jugendliches Paar sich einander die Hände, nicht zum vorübergehenden Gruß oder zum Tanze. Der Priester spricht seinen Segen darüber aus, und das Band ist unauflöslich. Es währt nicht lange, so bringen diese Gatten ein Ebenbild an die Schwelle des Altars; es wird mit heiligem Wasser gereinigt und der Kirche dergestalt einverleibt, indem es diese Wohltat nur durch den ungeheuersten Abfall verscherzen kann. Das Kind übt sich im Leben an den irdischen Dingen selbst heran, in himmlischen muss es unterrichtet werden. Zeigt sich bei der Prüfung, dies ist vollständig geschehen, so wird es nunmehr als wirklicher Bürger, als wahrhafter und freiwilliger Bekenner in den Schoß der Kirche aufgenommen, nicht ohne äußere Zeichen der Wichtigkeit dieser Handlung. Nun ist er erst entschieden ein Christ, nun kennt er erst die Vorteile, jedoch auch die Pflichten. Aber inzwischen ist ihm als Menschen manches Wunderliche begegnet, durch Lehren und Strafen ist ihm aufgegangen, wie bedenklich es mit seinem Inneren aussehe, und immerfort wird noch von Lehren und von Übertretungen die Rede sein. Aber die Strafe soll nicht mehr stattfinden. Hier ist ihm nun in der unendlichen Verworrenheit, in die er sich bei dem Widerstreit natürlicher und religiöser Forderungen verwickeln muss, ein herrliches Auskunftsmittel gegeben, seine Taten und Untaten, seine Gebrechen und Zweifel einem würdigen, eigens dazu bestellten Manne zu vertrauen, der ihn zu beruhigen, zu warnen, zu stärken, durch gleichfalls symbolische Strafen zu züchtigen und ihn zuletzt durch ein völliges Auslöschen seiner Schuld zu beseligen und ihm rein und abgewaschen die Tafel seiner Menschheit wieder zu übergeben weiß. So, durch mehrere sakramentalische Handlungen, welche sich wieder, bei genauerer Ansicht, in sakramentliche kleinere Züge verzweigen, vorbereitet und rein beruhigt, kniet er hin, die Hostie zu empfangen. Und damit ja das Geheimnis dieses hohen Akts noch gesteigert werde, sieht er den Kelch nur in der Ferne: Es ist kein gemeines Essen und Trinken, was befriedigt, es ist eine Himmelsspeise, die nach himmlischen Tranke durstig macht.

Jedoch glaube der Jüngling nicht, damit sei es abgetan. Selbst der Mann glaube es nicht! Denn wohl in irdischen Verhältnissen gewöhnen wir uns zuletzt, auf uns selber zu stehen, und auch da wollen nicht immer Kenntnisse, Verstand und Charakter hinreichen; in himmlischen Dingen dagegen lernen wir nie aus. Das höhere Gefühl in uns, das sich oft selbst nicht einmal recht zu Hause findet, wird noch überdies von so viel Äußerem bedrängt, weshalb unser eignes Vermögen wohl schwerlich alles darreicht, was zu Rat, Trost und Hülfe nötig wäre. Dazu aber verordnet findet sich nun auch jenes Heilmittel für das ganze Leben, und stets harrt ein einsichtiger, frommer Mann, um Irrende zurechtzuweisen und Gequälte zu erledigen.

Und was nun durch das ganze Leben so erprobt worden, soll an der Pforte des Todes alle seine Heilkräfte zehnfach tätig erweisen. Nach einer von Jugend auf eingeleiteten zutraulichen Gewohnheit nimmt der Hinfällige jene symbolischen, deutsamen Versicherungen mit Inbrunst an, und ihm wird da, wo jede irdische Garantie verschwindet, durch eine himmlische für alle Ewigkeit ein seliges Dasein zugesichert. Er fühlt sich entschieden überzeugt, weder ein feindseliges Element noch ein mißwollender Geist könne ihn hindern, sich mit einem verklärten Leibe zu umgeben, um in unmittelbaren Verhältnissen zur Gottheit an den unermeßlichen Seligkeiten teilzunehmen, die von ihr ausfließen. Zum Schlusse werden sodann, damit der ganze Mensch geheiligt sei, auch die Füße gesalbt und gesegnet. Sie sollen, selbst bei möglicher Genesung, einen Widerwillen empfingen, diesen irdischen, harten, undurchdringlichen Boden zu berühren. Ihnen soll eine wundersame Schnellkraft mitgeteilt werden, wodurch sie den Erdschollen, der sie bisher anzog, unter sich abstoßen. Und so ist durch einen glänzenden Zirkel gleichwürdig heiliger Handlungen, deren Schönheit von uns nur kurz angedeutet worden, Wiege und Grab, sie mögen zufällig noch so weit auseinandergerückt liegen, in einem stetigen Kreise verbunden.

Aber alle diese geistigen Wunder entsprießen nicht wie andere Früchte dem natürlichen Boden, da können sie weder gesäet noch gepflanzt noch gepflegt werden. Aus einer andern Region muss man sie herüberflehen, welches nicht jedem noch zu jeder Zeit gelingen würde. Hier entgegnet uns nun das höchste dieser Symbole aus alter frommer Überlieferung. Wir hören, ein Mensch könne vor dem andern von oben begünstigt, gesegnet und geheiligt sein. Damit aber dies ja nicht als Naturgabe erscheine, so muss diese große, mit einer schweren Pflicht verbundene Gunst von einem Berechtigten auf den andern übertragen und das größte Gut, was ein Mensch erlangen kann, ohne jedoch dessen Besitz von sich selbst weder erringen noch ergreifen zu können, durch geistige Erbschaft auf Erden erhalten und verewigt werden. Ja, in der Weihe des Priesters ist alles zusammengefasst, was nötig ist, um diejenigen heiligen Handlungen wirksam zu begehen, wodurch die Menge begünstigt wird, ohne irgendeine andere Tätigkeit dabei nötig zu haben als die des Glaubens und des unbedingten Zutrauens. Und so tritt der Priester in der Reihe seiner Vorfahren und Nachfolger, in dem Kreise seiner Mitgesalbten, den höchsten Segnenden darstellend, um so herrlicher auf, als es nicht er ist, den wir verehren, sondern sein Amt, nicht sein Wink, vor dem wir die Knie beugen, sondern der Segen, den er erteilt und der um desto heiliger, unmittelbarer vom Himmel zu kommen scheint, weil ihn das irdische Werkzeug nicht einmal durch sündhaftes, ja lasterhaftes Wesen schwächen oder gar entkräften könnte.«[1]

Was hier Goethe im Fluge seines Lebens erfasst, haben wir oben mit der Formulierung der nicht-notwendigen Notwendigkeit dargestellt. Der Mensch soll von Natur aus etwas tun, was er von Natur aus nicht tun kann, weil dies keine Möglichkeit in der Natur ist. Er soll seinen Tod annehmen, er soll von seiner Ich-Bezogenheit, von seinem darwinischen Egoismus loskommen, er soll den anderen lieben wie sich selbst, was alles er von Natur aus nicht vermag, da er seine Natur aus dem harten Kampf ums Dasein gewonnen hat. Hier tritt die

Gnade ein, das Handeln Gottes, das dem Menschen das Tun ermöglicht, das er allein aus sich selbst nicht zu vollbringen vermag, zu seinem Leben Ja zu sagen, obwohl von Natur aus so vieles zu seinem Leben Nein sagt.

Von der Taufe bis zur Weihe des Priesters ist alles wesentliche Tun eine Verbindung von Natur und Gnade, von oben und unten, von Himmel und Erde, von Mensch und Gott. Der nicht vor seiner Geburt gefragte Erdenbürger soll mit Ja antworten, soll zustimmen zu einem Leben, das er empfangen hat, ohne gefragt zu sein. Er soll nachträglich Beifall spenden, denn vorträglich, bevor er in das Leben trat, konnte er nicht gefragt werden. Die Sakramente der Kirche sind dazu bestimmt, den Menschen in den Stand zu setzen, nachträglich Ja zu sagen. Diesen Kosmos der Sakramente stellt Goethe als Symbiose doppelten Tuns dar, als Hochzeit von Natur und Gnade, die im Sakrament ihre Einheit feiern. Aber die Gnade, das Handeln Gottes, darf nicht nur im Bewusstsein ankommen, das Heil ist nicht nur für den Kopf und für das Jenseits bestimmt, es soll leibhaftig ankommen und diese Erde verwandeln. Dazu bedarf es der Verwandlung der widersprüchlichen menschlichen Natur, die von der darwinischen Evolution bestimmt ist.

6.2 Zunächst stelle ich die erstaunliche Entwicklung vor, die das Verhältnis von Amt und Räten auf dem Vaticanum II genommen hat, dann versuche ich in einer gedanklichen Durchdringung bis zum Verständnis der Sache selbst zu gelangen.

Das Konzil sagt in der Konstitution *Lumen Gentium* nichts von der Einheit der Räte, sondern zählt nur die drei Kennzeichen auf, setzt sie aber in eine innige Verbindung mit dem Leben der Kirche. »So erscheint das Bekenntnis zu den Evangelischen Räten als ein Zeichen, das alle Glieder der Kirche wirksam zur eifrigen Erfüllung der Pflichten ihrer christlichen Berufung hinziehen kann und soll. Das Volk Gottes hat ja hier keine bleibende Heimstatt, sondern sucht die zukünftige« (LG 44).

Mehr in den Blick kommt die Einheit der Räte in dem Dekret *Presbyterorum Ordinis* über das Leben und den Dienst der Priester. Dort ist von einem Zusammenhang die Rede, wobei die Räte allerdings Tugenden genannt werden, lateinisch *virtutes*, statt *consilia*. Aber was dann im dritten Kapitel aufgezählt wird, sind eben doch Gehorsam, Enthaltsamkeit und Armut, lateinisch *oboedientia, continentia, paupertas*, also eben jene Räte des Ordenslebens. Zwar sind sie etwas angepasst an das Leben des Priesters in der Welt, sie sind aber nichts anderes als die Urstücke des monastischen Daseins. Mit der Benennung von Räten und Tugenden wird eine äußerliche Unterscheidung getroffen, die vom inneren Gehalt her keine ist.

Zunächst überrascht, warum die Einheit der Räte im Priesterdekret offengelegt werden soll, wo doch diese Einheit zunächst einmal bei den Ordensgelübden erwartet werden sollte. Die Einheit wird aber auch in diesem Dekret nicht ganz deutlich, wenn auch ein wenig deutlicher als dort. Im Dekret über die zeitgemäße Erneuerung des Ordenslebens, *Perfectae Caritatis*, wird zwar ausführlich in der Reihenfolge von Keuschheit, freiwilliger Armut und Gehorsam von den Räten gesprochen, aber der Punkt, der diese drei Eigenschaften miteinander verbindet, wird nicht genannt, nur eben gesagt, sie seien für das Ordensleben grundlegend und konstitutiv. Warum gibt es genau drei Räte? Warum sind genau diese drei geistlichen Akte durch die Jahrhunderte verbunden worden?

In etwas anderer Reihenfolge tauchen diese Räte, wie gesagt, als Tugenden im Dekret über die Priester auf. Der Gehorsam wird durch das Hören begründet und ist eine Ausrichtung auf den Willen Gottes. Damit der Mensch nicht Illusionen und Phantastereien verfällt, ist dieser Gehorsam durch einen Oberen vermittelt, durch den Bischof. Er ist die mitlebende

Autorität. Der Gehorsam ist wesentlich und unabdingbar, weil der Glaube vom Hören kommt und der Gehorsam die Antwort des Glaubens ist. Von Ausnahmen in Bezug auf den Gehorsam kann bei einem Priester keine Rede sein und ist es auch im Priesterdekret nicht.

Die Ehelosigkeit ist zwar auf vielfache Weise mit dem Amt verbunden, aber sie wird nur als konvenient, als passend und angemessen ausgesagt, nicht aber zum Wesen des Priestertums gezählt, wie das Konzil mit Blick auf die Geschichte und auf die mit Rom unierten Ostkirchen sagt. Die unbestimmteste und lockerste Verbindung mit dem Amt scheint die Armut einzugehen, denn ohne Vermögen aufzuhäufen sollen sich die Priester der irdischen Güter nur eben bedienen, als Instrument, aber nicht als Ziel. Dazu gehört geistige Diskretion, die sich vor allem in einem Punkt ausdrückt: Kein Glaubender soll am Lebensstil des Priesters einen Anstoß nehmen. Deshalb wird die freiwillige Armut als das größere Christuszeichen empfohlen. Wo also ist die Einheit der Räte zu suchen? Sie wird jedenfalls weder in dem einen noch in dem anderen Dekret des Konzils deutlich benannt. Ja, im Priesterdekret gibt es ein Gefälle von Wesensnotwendigkeit, Konvenienz und Faktizität: Der Gehorsam ist notwendig, die Ehelosigkeit ist konvenient und die geistliche Armut wird empfohlen. Was darin zutage tritt, ist gewissermaßen die uneinheitliche gewachsene Bildung in den geschichtlichen Strukturen, die leitende Vernunft wird nicht sehr deutlich, wenn sie überhaupt zutage tritt. Sie ist angedeutet im Begriff der Sendung, der Missio, eine Vorstellung, die in allen drei Abschnitten des Priesterdekretes über die geistlichen Tugenden des Priesters vorkommt und sie miteinander verbindet.

Es scheint also die Rätetheologie des Vaticanum II noch unterwegs zu sein, weil die Einheit der Räte zwar immer angesprochen ist, aber nicht genannt und noch weniger einsichtig wird. Hier liegt noch zuviel kirchliche Nabelschau vor. Wenn

Rahner oder von Balthasar die Einheit zu begründen versuchen, setzen sie den erlösten und auf Gott hörenden Menschen schon voraus. Die Einheit wird dann theologisch, ekklesiologisch oder eschatologisch bestimmt, ohne diese Bestimmungen mit der Welterfahrung zu verbinden. Erst diese Vermittlung aber, natürlich nicht nur in Anpassung, sondern auch im Widerspruch, enthüllt wirklich die Einheit der Räte und die verborgene Prophetie des Vaticanum II. Diese Räte sind eine stille und mächtige Stimme über einen vergessenen Zug in der Anthropologie. Diese Prophetie sagt: Das Amt und die Evangelischen Räte konvenieren nicht nur miteinander, sie konvergieren. Für diese Erkenntnis ist die Zeit gekommen.

Mit etwas denkerischer Mühe lassen sich die Einheit des endlichen Ich, seine Bewegung in der Zeit und auch seine Bedrohung aus einem einzigen Punkte entwickeln: Der Einheitspunkt ist die Zeit in ihren drei Erscheinungsweisen von Vergangenheit, Gegenwart und Zukunft. Der Dreiheit der Zeit entspricht die Dreiheit der Räte. In seinem natürlichen oder darwinischen Dasein geht es dem Menschen um sich selbst, das heißt, es geht ihm darum, sich zu erhalten. Wenn das Wesen des Menschen die Sorge um sein Dasein ist, dann möchte er seinen Lebensjahren jederzeit noch einige Jahre hinzulegen. Da er sieht, welch zahllose Gefahren ihn umlauern, möchte er sich gegen die Bedrohungen wehren, die ihm in den Wechselfällen des Lebens zustoßen, die er erwartet und von denen er sich jetzt in der Gegenwart unangenehm bedroht sieht. Die bedrohlichen Gesichter für das Leben zeigen sich in den drei Gestalten der Zeit von Vergangenheit, Gegenwart und Zukunft. Sie bringen drei Bedrohungen für das natürliche Ich hervor, weshalb es sich an diesem Nicht-Ich abreibt und aufreibt. Es kann dem Ich scheinen und mit der Zeit zur Sicherheit verdichten, dieses Aufreiben in der Konkurrenz werde schließlich sein Leben beenden. Damit wäre der Sinn des Lebens um seinen wesentlichen Teil, ja um den ganzen Sinn gebracht. Denn wenn der Sinn des Lebens in der Erhaltung des Lebens besteht, diese Erhaltung aber nicht gelingt, ist zu jeder Zeit, also zu jedem Zeitpunkt vor dem möglichen und sicheren Ende, dieses Leben sinnlos geworden. Das ist die darwinische Lektion: Endliches Leben in der Natur ist sinnlos. Und tatsächlich lebt auch kein Mensch mit seinem endlichen Leben allein vom Endlichen. Auf gewisse, unerkannte, unterschlagene, verwischte, nicht zu Bewusstsein getretene Weise lässt sich jeder von einer Hoffnung tragen, die über sein vergängliches Leben hinaus reicht, und sei es die schale Hoffnung auf Nachruhm in einem Buch, einer Marmortafel oder in den Plaudergeschichten seiner Kinder und Kindeskinder.

Diese Hoffnung muss nicht unbedingt den Namen Gott tragen, in der Weise, wie der Mensch Gott als lebendige Person anzureden gewohnt ist. Der Träger des Unendlichen kann auch eine antlitzlose Idee sein, die Ewigkeitscharakter besitzt, etwa die eines Naturgesetzes. Bei Einstein ist es die ewige Gott-Natur, von der er dringend wünscht, sie möge nicht würfeln.

Gegen die Bedrohungen, die aus den Gestalten der Zeit herauswachsen, muss sich das Ich also wehren. Wenn es den Gehorsam ablehnt, um sich selbst zu bestimmen – was wir besser Ich-Bestimmung nennen, da wir nicht so schnell wissen können, was das wahre Selbst ist, und man nicht voreilig das Selbst und das Ich, das Unendliche und das Endliche vermengen soll –, wenn der Mensch also sich selbst bestimmen will, hält er sich frei von den Bindungen an vergangene Geschichten, er will nicht gehorchen und nicht hören auf das, was an ihn schon wortlos oder mit Worten ergangen ist, um sich zu emanzipieren für Zwecke und Ziele, die seine Zukunft nicht einschränken. Gegen die Zukunft, die im Menschen ungewisse Ängste erzeugt, sucht er sich mit dem Reichtum zu wehren, d. h. mit der Ansammlung von Mitteln für Zwecke, die noch nicht festgelegt sind. Denn Geld ist ja die Ansammlung von Mitteln für freigehaltene Zwecke. Das Beharren auf der Ich-

Bestimmung scheint also das Ich von der bestimmten Vergangenheit und ihren Ansprüchen zu befreien; das zweite, das Geld oder das Vermögen, befreit von der ungewissen Zukunft. Nach rückwärts und vorwärts werden damit also Möglichkeiten geschaffen, den Willen durchzusetzen, d. h. sich selbst in der Zeit zu erhalten. Alles Macht- und Besitzstreben, das sich zunächst nach außen zu richten scheint und auch nach außen richtet, hat als Ziel tatsächlich sich selbst. Der Mensch will sich in ein erträgliches Verhältnis zur Außenwelt setzen, um sein Ich zu erhalten. Indem dieses Ich sich zeitunabhängig machen will, betreibt es seine Selbsterhaltung.

Die Geschlechtskraft scheint auf den ersten Blick nicht in das Bild von der Selbsterhaltung zu passen, da sich darin nicht der Mensch selbst erhält, sondern im natürlichen Gebrauch ein Abbild seiner selbst erzeugt. Aber wir müssen von den engen Begriffen von Ich und Du und Er hinwegkommen, um zu sehen, wie wenig freiwillig der Mensch sich dem sexuellen Trieb überlässt, vielmehr gezwungener-, wenn auch lustvollermaßen, was aber auch eine Art von erzwungener Tätigkeit ist. Andererseits willigt er durchaus ein in die Fortpflanzung aus vernünftigen Gründen, weil damit sein Geschlecht erhalten wird, soziobiologisch seine Gene, oder auch soziologisch gesehen er dabei für das Alter vorsorgt. All das gilt schon für die einfachen Formen der Gesellschaft. Aber in all diesen Betrachtungen tritt die Geschlechtskraft nur als Funktion auf.

Das unmittelbare Bewusstsein von ihr ist nicht eine Funktion oder ein Zweck, auf den sie gerichtet ist, sondern das einer unmittelbar überwältigenden Macht. Nur weiß man nicht, ob die Natur den Menschen dabei belohnt oder betrügt. Sie belohnt ihn mit einer Lust, damit er sich biologisch überflüssig macht. So geschieht der Betrug durch den Lohn. Der Lateiner sagt: Die Welt will betrogen sein – mundus vult decipi. Diese Doppeldeutigkeit verwehrt jede reine und ruhige Freude an der Geschlechtlichkeit. Sie gibt vielmehr das Grundmuster ab, nach dem alle Räusche des Menschen gebildet sind, nämlich die Aufhebung des von der Vergangenheit und der Zukunft geplagten Ich in ein Nicht-Ich hinein, in ein gewissermaßen dieses Ich schon tragendes und begründendes Nicht-Ich. Die Befreiung, die auf eine solche Weise geschenkt wird, erreicht also ihr Ziel nicht, und die momentane Aufhebung des Ich vermehrt paradoxerweise die Endlichkeit als Sorge, statt sie zu vermindern, etwa um die Kinder; auch andere Folgen mit anderen Sorgen sind denkbar.

Zum Schluss bleibt noch ein einziges Hindernis wegzuräumen. In der Kirche konnten die geistliche Ehelosigkeit und die Evangelischen Räte bisher nur recht äußerlich mit dem Weihesakrament verbunden werden, als geistliche oder ekklesiologische Disziplin, die wohl diesem Sakrament und Dienst angemessen ist, aber nicht zu seinem Wesen gehört, wie hier gesagt wird. Deshalb wurde bisher, bei Freund und Feind, die geistliche Ehelosigkeit als eine mit dem Priestertum äußerlich verbundene Lebensform angesehen, als disziplinarische Regel. Selbst bei dem ehemaligen Präfekten der Glaubenskongregation hieß es einmal, ein kirchlicher Lehrsatz sei die Ehelosigkeit für Geistliche nicht. Wörtlich sagte Joseph Ratzinger vor zwanzig Jahren: »Es ist eine Lebensgewohnheit, die sich aus guten biblischen Gründen in der Kirche sehr früh herausgebildet hat.«[2]

Das sollte sich ändern, und das hat sich mit *Lumen Gentium* Nr. 44 auch schon geändert. Das Haupthindernis, die geistliche Ehelosigkeit als apostolisch anzusehen und sie zum Depositum fidei zu zählen, zur Erkenntnis des Glaubens statt zur äußerlichen Disziplin, war das Auftreten eines gewissen Bischofs und Mönches Paphnutios auf dem Konzil von Nikaia 325. Das Auftreten dieses Paphnutios ist wahrscheinlich eine interessengeleitete Legende, wie der Orientalist Winkelmann 1968 beobachtet und 1985 bekräftigt hat.[3] Die Legende findet sich in voller Gestalt in der Kirchengeschichte des Socrates, der

Die neu-alte Lehre

etwa um das Jahr 400 geschrieben hat. Danach soll Paphnutios der Bischof einer Stadt im oberen Ägypten gewesen sein, zugleich ein Gottesmann, ein Mönch und ein Wundertäter. In der Verfolgung des Diokletian soll ihm ein Auge ausgestochen worden sein. Aus Verehrung für diesen Märtyrer, aber noch mehr aus Bewunderung für den Kaiser lässt Socrates auf dem Konzil von Nikaia den Kaiser Konstantin voll Rührung das durchstochene Auge dieses Märtyrers küssen. Paphnutios selbst sollte seit Kindestagen an von klösterlicher Herkunft sein, deshalb redete er nicht in eigener Sache, wenn er für die Sache der Ehe redete. In den Augen des Socrates war Paphnutios als halber Märtyrer der geeignete Mann, vor einer Neuerung zu warnen. Denn als eine solche Neuerung stellt Socrates die Regel dar, nach welcher die Verheirateten, wenn sie zu Priestern geweiht sind, nicht mehr bei ihren Ehefrauen wohnen sollen. Wörtlich schreibt er: »Es gefiel den Bischöfen, ein neues Gesetz in der Kirche einzuführen, nachdem die Kleriker, nämlich die Bischöfe, Presbyter und Diakone, nicht mehr ihren Frauen, die sie noch als Laien geheiratet hatten, beiwohnen. Und als man darüber beratschlagte, stand Paphnutios inmitten der Bischofsversammlung auf und setzte sich vehement dafür ein, den Klerikern keine zu schweren Lasten aufzubürden. Ehrbar sei das Ehebett und die Ehe makellos.«[4]

Dieser Paphnutios war durch die Jahrhunderte der Neuzeit das Bollwerk, von dem aus zwar nicht die geistliche Disziplin in der lateinischen Kirche bezwungen wurde, das aber doch die Kraft hatte, den Zweifel an dieser Lebensform immer von neuem zu nähren, ob sie denn wohl apostolisch, biblisch oder jesuanisch sei und damit der Verfügung der Kirche entzogen ist. In vielen Vergleichen kommt Winkelmann zu dem Schluss: Ein solcher Paphnutios kann nicht existiert haben.

Seine wichtigsten Gründe seien genannt: Erstens erwähnt Athanasius von Alexandrien, der bis 373 gelebt hat, niemals diesen Vater der Orthodoxie, obwohl er sonst jeden Mitstreiter im arianischen Kampf zu nennen pflegt. Das spricht gegen die Teilnahme eines Paphnutios als Bischof in Nikaia. Zweitens scheint in Ägypten bis zum Tod des Athanasius keine Paphnutios-Legende umgelaufen zu sein, jedenfalls erwähnt Athanasius sie nicht, was sehr verwunderlich ist, wenn das Ereignis auf dem Konzil 325 stattgefunden hätte. Die Paphnutios-Legende entsteht erst gegen Ende des 4. Jahrhunderts als Mischung von historischen und legendarischen Zügen. Drittens scheint das Umfeld, aus dem die Legende hervorgeht, ein Interesse an einer tendenziösen Erfindung zu haben, um damit eine mit dem apostolischen Ursprung nicht mehr übereinstimmende, spätere Praxis des priesterlichen Ehelebens zu rechtfertigen. Winkelmann vermutet novatianische Kreise.

Wenn die Beobachtung in den Hauptlinien zutrifft, und wir sehen nicht, wie man diese Beobachtung ernsthaft bestreiten kann, dann gewinnt man aus der Paphnutios-Legende die apostolische Regel unmittelbar: Ihre Negation ist die Regel! ›Kleriker, nämlich die Bischöfe, Presbyter und Diakone, wohnen ihren Frauen, die sie noch als Laien geheiratet hatten, nicht mehr bei.‹ Wir sehen hier die Regel des Trullanum von neuem, nur jetzt in ihrer originalen Gestalt, mit der richtigen Beachtung des Zeitpunktes. Die apostolische Regel in ihrer Urgestalt müsste dann, wie schon gesagt, gelautet haben: Priester heiraten nicht, aber Verheiratete, bevor sie der Ruf Christi getroffen hat, können Priester werden, unter Umwandlung ihrer Ehe.

Diese Ideal- und Urgestalt kann nicht durch Einzelzüge widerlegt werden, denn nicht jedes legale und illegale Abweichen von dieser Urgestalt begründet eine Norm. Soviel sollte die historische Forschung nachzuweisen in der Lage sein, und hat sie in neueren Untersuchungen auch nachgewiesen: Der Hauptstrom des Lebens nach dem Evangelium hat für die Vorsteher der Kirche, für die Hauptamtlichen, die Evangelischen Räte als angemessen, ja als notwendig erachtet. Alles, was wir an Splittern in der Ost- oder Westkirche von heute vorfinden, ist zu erklären aus dieser Urregel. Die verbreitete ostkirchliche Praxis, vor der Weihe zu heiraten, aber nach der Weihe keine neue Ehe mehr einzugehen, entspricht eher der Paphnutios-Legende. Selbst die ganz formal gehandhabte Regel für ständige Diakone in der Westkirche zeigt noch die Spuren der Urregel, denn die verheirateten Diakone müssen versprechen, nach dem Tod ihrer Ehefrau nicht wieder zu heiraten. Ja, die völlige Freigabe der geistlichen Ehelosigkeit in den protestantischen Kirchen, bis auf den Pastor Lorenzen in Fontanes Roman, wie wir gehört haben, kann sich auf die oberflächlich gelesene Urregel stützen, wonach in der frühen Kirche ein Großteil des Klerus verheiratet war – wobei man nur übersehen hat, wann die Hochzeit stattgefunden hat und wie die Ehe nach der Weihe gelebt wurde.

6.3 Dies Buch wurde geschrieben, um folgendem Satz ein Ende zu bereiten: ›Die geistliche Disziplin, wie die Verpflichtung der Geistlichen auf die Evangelischen Räte, ist doch nur menschliches, nicht göttliches Recht und kann mit einem Federstrich des Papstes geändert werden, was ja Papst Benedikt selbst zu meinen scheint.‹

Mir scheint das Gegenteil richtig zu sein. In der Gestalt, die wir als Apostolische Regel aufgefunden haben, ist die Verpflichtung auf die Evangelischen Räte für die Geistlichen ein allgemeines Glaubensgut und könnte als Glaubenssatz formuliert werden, weil es von Anfang an und immer und überall in der Kirche gelebt und geglaubt wurde. In dieser Gestalt ist der Apostel Petrus, der gern als Gegenbeispiel angeführt wird, der erste ehelose Amtsträger.

Die hauptsächlichen drei Gründe scheinen mir zu sein:
- Die Regel ist apostolisch, konnte aber in ihrer Hauptgestalt lange Zeit nicht begriffen werden, da sie nur individuelle Vorteile zu bringen schien, den berühmten direkte-

ren Weg zum Himmel, den Paulus als sorgloseren Weg empfiehlt.
- Erst die Welterfahrung mit der darwinischen Evolutionslehre und mit der ökologischen Krise der Erde lässt die Evangelischen Räte in voller Gestalt erscheinen. Die gute Religion nach Lk 17,33 ist die Gegenbewegung gegen die darwinische Evolution und kulminiert in den Räten, die deshalb von jedem Glaubenden anerkannt werden, der die Worte Christi anerkennt.
- Die Kirche hat in *Lumen Gentium* und *Presbyterorum Ordinis* schon wegweisend die Weiche gestellt, die von der Logik der Gnade, das heißt von der Logik der nicht-notwendigen Notwendigkeit bestimmt wird.

Jetzt können wir uns noch einigen Einzelfragen zuwenden. Zunächst einmal frage ich: Woher nur der schrille Schrei: ›Die Ehelosigkeit der Geistlichen muss weg?‹ Fast immer zu hören aus dem Mund derer, die es gar nicht betrifft. Also bei Gläubigen in der Kirche, die ihr nicht verpflichtet sind, oder bei denen außerhalb der Kirche, die von der Kirche wenig wissen wollen. Die schärfsten Gegner der geistlichen Ehelosigkeit sind gerade diejenigen, die zugleich die schärfsten Gegner der Kirche sind. Dabei müssten sie über das, was sie Selbstverstümmelung der Kirche nennen, doch erfreut sein, denn ihrer Meinung nach ist ja alles geistliche Leben, sind alle Evangelischen Räte nur Hüte von gestern und eine Verminderung des Lebens. Die Kirche beraubt sich damit ihres eigenen Lebens – in deren Augen. Ich vermute als Antwort: Die geistliche Disziplin der Kirche ist wie ein Stachel im Fleisch derjenigen, die sich von eben diesem Fleisch alles Glück und den Lebenssinn in der Welt erwarten. Und gibt es nicht ein hartes seelisches Gesetz, nach dem die eigene Lust nicht vollkommen ist, solange es Menschen gibt, die ihr nicht Beifall zollen? Solange es noch Leute gibt, die im Verzicht, die im Opfer das größere

Lebensglück sehen? Ich nehme an, dies erklärt die Giftigkeit im Kampf gegen das geistliche Leben der Kirche: Der Verzicht der Kirche auf die irdische Lust behindert die eigene irdische Lust!

Doch auch ich als Geistlicher könnte mich über das Lehramt ärgern, wenn es die Ehelosigkeit der Geistlichen nur als eine Disziplin, als eine Lebensgewohnheit behandelt. Ich meine, mit dem Vaticanum II kann man die Regel der Evangelischen Räte für Geistliche zum Ius divinum rechnen. Die Bedingungen, die der Heilige, der Mönch und Kirchenvater Vinzenz von Lérin um das Jahr 450 in seinem *Commonitorium* für dasjenige nennt, was zum Glauben gehört, was überall, immer, von allen geglaubt worden ist, ist hier mit der Apostolischen Regel erfüllt. Oder im lateinischen Original: »Quod ubique, quod semper, quod ab omnibus creditum est« (II, 5).

Die Frage, die sich stellt, lautet: Warum diese veränderte Sicht auf die Evangelischen Räte so spät? Warum erst nach zweitausend Jahren? Gut, ich könnte auf die Jahrzehnte und Jahrhunderte verweisen, die jede formulierte Glaubensaussage gebraucht hat, acht Jahrhunderte für die Immaculata Conceptio im Jahr 1854, wenn nicht sogar zwölf Jahrhunderte. Und für die Transsubstantiation werden wir auch wenigstens ein oder zwei Jahrhunderte ansetzen müssen, bis die Lehre zum klaren und festen Bewusstsein der Kirche wurde, obwohl die Wahrheit der Sache nach immer bereit lag. Nicht zu vergessen die Infallibilität von 1870, da haben wir schon fast die zwei Jahrtausende erreicht.

Und bei den Evangelischen Räten dürfen wir uns nicht wundern, warum es so lange gedauert, bis ihre Stellung im Kosmos des Glaubens klar geworden ist. Erst die Evolutionslehre schafft den Raum, in dem die Einheit der Räte voll erkennbar wird. Die Erhaltung des Ich, das Überleben des Bestangepassten ist die präzise negative Folie für diese Räte.

Anmerkungen

1. Fortschritt und Rückschritt

[1] Giorgio Agamben, Kirche und Herrschaft. In: Epiphania Nr. 4., Fribourg 2011, 53–62, 61 f.
[2] In: Carl Friedrich von Weizsäcker, Deutlichkeit. Beiträge zu politischen und religiösen Gegenwartsfragen, München 1978, 73–113.
[3] Carl Friedrich von Weizsäcker, Der Garten des Menschlichen, München 1977, 152.
[4] René Descartes, Discours de la Méthode (1637), Hamburg 1969 (Phil. Bibl. Bd. 261). In diesem Werk eröffnet Descartes seine titanische Philosophie, das Zitat stammt aus dem 6. Teil, Nr. 2.
[5] Romano Guardini, Welt und Person. Versuche zur christlichen Lehre vom Menschen (1939), Würzburg ²1940, 96.
[6] Ich sehe in Lk 17,33 die Gründungsurkunde der guten Religion; Parallelen finden sich in Lk 9, 24, Mt 10, 39; 16, 25; Mk 8, 35; Joh 12, 25. Ich habe die exegetische Literatur befragt, es waren drei Bücher: Gerhard Schneider, Das Evangelium nach Lukas. Bd. 3/2: Kapitel 11–24, Gütersloh 1984; Rainer Dillmann, Das Lukas-Evangelium. Ein Kommentar für die Praxis, Stuttgart 2000; Heinz Schürmann, Das Lukasevangelium. Bd. 3/1: Erster Teil: Kommentar zu Kapitel 1–9, Freiburg 1969.
[7] Aus Thomas Manns Novelle *Tonio Kröger* aus dem Jahr 1903.
[8] Aus Thomas Manns Erzählung *Das Gesetz* aus dem Jahr 1943. Der biblische Mose hat das nicht gesagt und konnte es nicht sagen. Mose spricht hier die Sprache Jesu am Kreuz: »Herr, verzeih ihnen, denn sie wissen nicht, was sie tun.«
[9] Carl Friedrich von Weizsäcker, Der Garten des Menschlichen, München 1977, 227.
[10] Von Paulus auf dem Areopag berichtet die Apostelgeschichte in Kapitel 17.

Anmerkungen

[11] Lieblingsspruch das alten Dubslav von Stechlin aus dem Roman gleichen Namens, Kapitel 3.
[12] Friedrich Nietzsche, Der Antichrist (1888), Nr. 61.

2. Ökonomie und Ökologie

[1] Das Kolumbus-Gedicht ›Nach neuen Meeren‹ findet sich im Anhang zu Nietzsches *Die fröhliche Wissenschaft* von 1887, in den ›Liedern des Prinzen Vogelfrei‹.
[2] »Aeternum namque illud, et infinitum Ens, quod Deum, seu Naturam appellamus, eadem, qua existit, necessitate agit.« Benedictus de Spinoza, Ethica – ordine geometrico demonstrata – Die Ethik mit geometrischer Methode begründet (1677), 4. Teil.
[3] Rudolf Treumann, Die Elemente. Feuer, Erde, Luft und Wasser in Mythos und Wissenschaft, München 1994, 299.
[4] Richard P. Feynman u. a., Vorlesungen über Physik. Bd. III Quantenmechanik (1965), München 1992, 30.
[5] Vgl. zum Beispiel Lukas 10,8.
[6] Der Apostel Paulus schreibt über den Wettkampf in Sport und Religion im ersten Korintherbrief 9,25.
[7] Die Heiratsnorm findet sich im vierten Teil des Romans *Die Buddenbrooks* von Thomas Mann, erschienen im Jahr 1900.
[8] Carl Friedrich von Weizsäcker, Der Garten des Menschlichen, München 1977; 472.
[9] Die Katechismusantwort stammt aus dem Anfang des Exerzitienbuches des Ignatius von Loyola, geschrieben etwa um das Jahr 1533.

3. Die Ratschläge der Schrift

[1] So im 1. Buch der Könige, Kapitel 11, Vers 4.
[2] Die Frage der Sadduzäer an Jesus lautet in Markus 12, 23: »Wessen Frau wird sie nun bei der Auferstehung sein?« Vorher hatten sie das Beispiel einer Frau aufgeworfen, die nach dem Gesetz der Schwagerehe nacheinander mit sieben Brüdern verheiratet war.
[3] Der zweite Jesaja wird nach dem ersten genannt (Jes 1–39), weil er wohl gar nicht seinen Namen nennen wollte, und heißt nur hilfsweise Deutero-Jesaja (Jes 40–55).

⁴ Mircea Eliade, Die Religionen und das Heilige (1954), Darmstadt 1976, 396.
⁵ So im Buch Deuteronomium, Kapitel 26, 1–9.
⁶ Vgl. im Buch Genesis, Kapitel 22, 1–18.
⁷ Vgl. im Buch Hosea, Kapitel 6, 6.
⁸ Vgl. Jesaja 53, 10.
⁹ Adolf von Harnack, Lehrbuch, Bd. 3, Tübingen ⁴1909, 403 f.
¹⁰ Josef Imbach, Ist Gott käuflich? Die Rede vom Opfertod Jesu auf dem Prüfstand, Gütersloh 2011, 10.
¹¹ Anselm von Canterbury, Cur Deus homo – Warum Gott Mensch geworden (1095), I,15.
¹² Ich beziehe mich hier auf den Aufsatz *Die Seligpreisungen* aus dem Jahr 1975, abgedruckt in: Carl Friedrich von Weizsäcker, Der Garten des Menschlichen (1977), München 1977, 488–508.
¹³ Zu Beginn des 5. Kapitels von Matthäus.
¹⁴ Carl Friedrich von Weizsäcker, Deutlichkeit. Beiträge zu politischen und religiösen Gegenwartsfragen, München 1978, 146.
¹⁵ Carl Friedrich von Weizsäcker, Der Garten 1977, 482.
¹⁶ Carl Friedrich von Weizsäcker, Deutlichkeit 1978, 76.

4. Neue Erfahrung der Kirche

¹ Jacques Monod, Le Hasard et la Nécessité. Essai sur la philosophie naturelle de la biologie moderne, Paris 1970, 188: »Il sait maintenant que, comme un Tzigane, il est en marge de l'univers où il doit vivre.«
² Augustinus, Confessiones IX, 34; oder in Brief 194, 19: Cum deus coronat merita nostra, nihil aliud coronet quam munera sua.
³ Karl Rahner, Über die Evangelischen Räte (1966). In: Sämtliche Werke, Bd. 25, Freiburg 2008, 356.
⁴ Romano Guardini, Vom Sinn der Kirche (1922), Mainz 1990, 19.
⁵ Guilherme Baraúna (Hrsg.), De ecclesia. Beiträge zur Konstitution *Über die Kirche* des Zweiten Vatikanischen Konzils. 2 Bde., Freiburg 1966.
⁶ Joseph Ratzinger, Das neue Volk Gottes. Entwürfe zur Ekklesiologie, Düsseldorf 1969, 187.
⁷ Kongregation für die Glaubenslehre, Schreiben an die Bischöfe der Kirche über einige Aspekte der Kirche als Communio. In: Verlautbarungen des Apostolischen Stuhls Nr. 107, Bonn 1992. Dann:

Anmerkungen

Walter Kasper, On the Church. A Friendly Reply to Cardinal Ratzinger. In: America April 2001. Joseph Ratzinger, The local Church and the Universal Church. A Response to Walter Kasper. In: America November 2001.
[8] Medard Kehl, Die Kirche, Würzburg 1992.
[9] Elmar Klinger, Die Konstitution über die Kirche *Lumen Gentium*. In: Franz Bischof u. a. (Hrsg.), Vierzig Jahre II. Vatikanum. Zur Wirkungsgeschichte der Konzilstexte. Würzburg 2004, 83.
[10] Petro Müller, Gemeinde: Ernstfall von Kirche. Annäherungen an eine historisch und systematisch verkannte Wirklichkeit, Innsbruck u. a. 2004, 693.
[11] Apostelgeschichte, Kapitel 17, 32.
[12] Carl Friedrich von Weizsäcker, Bewußtseinswandel, München 1988, 141.
[13] In: Niklas Luhmann, Ökologische Kommunikation (1986), Opladen ³1990, 231.

5. Die Ökumene in Ost und West

[1] Augustinus in seinem Gottesstaat (X, 5): Sacrificium visibile invisibilis sacrificii sacramentum, idest sacrum signum, est.
[2] Johann Adam Möhler, Vom Geist der Theologie. Gesammelte Aufsätze, Bd. 1, hrsg. von Dieter Hattrup, Paderborn 2011, 224.
[3] Erwin Iserloh: Die Abendmahlslehre in der Confessio Augustana, Freiburg 1983, 119. Vgl. Weimarer Ausgabe (WA) 6, 363.
[4] Georg W. F. Hegel, Vorlesungen über die Philosophie der Religion (1821), Einleitung A I.
[5] Albert Schweitzer, Gespräche über das Neue Testament, München 1994, 203.
[6] Albert Schweitzer, Geschichte der Leben-Jesu-Forschung, Tübingen ⁹1984, 45.

6. Die neu-alte Lehre

[1] Johann Wolfgang von Goethe, Dichtung und Wahrheit, 7. Buch.
[2] Joseph Ratzinger, Salz der Erde, Stuttgart 1996, 208.
[3] Vgl. Friedhelm Winkelmann, Paphnutios, der Bekenner und Bischof. In: P. Nagel (Hrsg.), Probleme der koptischen Literatur, Halle

Anmerkungen

1968, 145–153; Ders., Die Problematik der Entstehung der Paphnutioslegende. In: Joachim Herrmann, Griechenland – Byzanz – Europa (Berliner Byzantinische Arbeiten 52), Berlin 1985, 32–42.

[4] Socrates scholasticus, Historia ecclesiastica I, 11 (PG 67, 101–104).